학교에서는 가르쳐주지 않는
인생 0교시 수업

학교에서는
가르쳐주지 않는

인생 0교시 수업

최정민 지음

내 안의 가능성을 깨우는 질문노트

프롤로그

　사람들은 학원을 단순히 공부를 가르치는 공간이라고 생각한다. 하지만 강사로서 살아가며, 나는 학원이 단순히 시험 대비를 위한 곳이 아니라 학생들과 함께 성장하는 공간이라는 것을 깨달았다. 강사는 가르치는 사람이지만, 동시에 배우는 사람이기도 하다. 학생들은 학습뿐만 아니라 자신의 고민과 감정을 공유했고, 나는 그 과정에서 단순히 교사가 아닌 인생의 길잡이로서 그들과 함께 고민하고 성장하게 되었다. 이 책은 그렇게 내가 학생들과 함께한 시간들, 그리고 그 속에서 얻은 배움과 깨달음을 담은 기록이다.

　처음 강사가 되었을 때, 나는 단순히 효과적인 학습법을 연구하고 학생들이 좋은 성적을 받을 수 있도록 돕는 것이 내 역할이라고 생각했다. 하지만 강의실에서 마주한 아이들은 단순한 '수강생'이 아니었다. 그들은 저마다의 고민을 안고 있었고, 학업뿐만 아니라 친구 관계, 진로, 자기 자신에 대한 불안과 싸우고 있었다. 학생들의 이야기를 들으며 나는 점점 깨달았다. 학원이란 단순히 시험 점수를 올리는 곳이 아니라 학생들이 자신을 알아가고 성장하는 작은 사회라는 것을. 그리고 강사로서의 나 역시 그 안에서 끊임없이 배우고 변화하고 있었다.

　이 책은 그런 과정에서 만들어졌다. 나는 단순히 학생들에게 가르침을 주는 사람이 아니라 학생들과 함께 고민하고, 함께 배우며 성장하는 사람이었다. 어떤 학생은 나에게 세상을 보는 새로운 시각을 가르쳐 주었고, 또 어떤 학생은 나 자신의 한계를 깨닫게 해 주었다. 그들의 좌절 속에서 도전과 용기의 가치를 배웠다. 그리고 그 모든 순간이 모여 나만의 교육 철학이 만들어졌다.

이 책에는 나의 경험과 교육관이 담겨 있다. 강사로서 수많은 학생들을 만나며 느꼈던 감정, 가르치는 입장이었지만 오히려 학생들에게 배웠던 순간들, 그리고 교육을 통해 얻은 삶의 교훈까지. 단순히 '성공적인 학습법'을 전하는 것이 아니라, 교육이란 무엇인지, 그리고 학생들과 함께 성장하는 것이 왜 중요한지를 이야기하고 싶었다.

우리는 흔히 교육이 일방적인 과정이라고 생각하지만, 실제로는 그렇지 않다. 가르치는 사람도 배우고, 배우는 사람도 가르친다. 학생들은 나에게 학습 이상의 것을 가르쳐 주었고, 나 또한 그들에게 단순한 지식을 넘어 삶을 살아가는 태도를 전하고자 했다. 그래서 이 책은 단순한 '교육서'가 아니다. 내가 살아온 이야기이고, 내가 가르치면서 배운 것에 대한 기록이며, 학생들과 함께한 시간이 녹아 있는 공간이다.

이 책을 읽는 당신도 어쩌면 '배움'이라는 길 위에 서 있을 것이다. 강사이든 학생이든, 혹은 다른 삶의 길을 걷고 있든 간에, 우리는 모두 배워 가고 있다. 이 책이 당신에게 작은 깨달음이 되기를, 그리고 당신만의 배움과 성장의 길을 찾는 데 작은 이정표가 되기를 바란다. 이제, 함께 배워 보자.

목차

프롤로그	5
하늘로 날아오른 씨앗	8
작은 봉지 속 위로	14
몰입의 두 얼굴	20
아, 피곤해	26
균형	32
이과 같은 영어강사	38
아직 시작되지 않은 설렘에 대하여	44
5일의 축제	50
마음을 여는 열쇠	54
행복의 값	60
나다움	64
탄젠트	68
깍쟁이	72
우물 안 개구리	78
빛나는 순간	84
멈춤과 나눔	88
감사	92
좋은 어른	96
산책	102
자몽	108
첫 수업	112
미안함과 고마움 사이	116
열광	122
선한 영향력	128
인농(人農)	134
빛나는 시작	138
논문이라는 산	144
소중한 것은 때때로 귀찮은 것	150
변명록	154
자기불구화	160
작가 인터뷰	164

하늘로 날아오른 씨앗

001

'지금까지 나를 돌아보았을 때, 내가 가장 좋아하는 내 모습은 무엇일까?' 이는 단순히 과거를 되돌아보는 질문이 아니다. 나를 이루는 근본적인 정체성에 대해 묻는 질문이기도 하다. 수많은 순간들이 머릿속을 스쳐 지나간다. 하지만 그중에서도 단연코 가장 사랑하는 내 모습은 열정으로 가득 찼던 신입사원이었던 시절이다. 모든 것이 가능해 보였던 자신감과 모든 도전에 뛰어들었던 두근거림이 그때의 나를 가장 나답게 만들어 주었다. 그러나 나의 열정은 초보강사 시절 갑작스레 생겨난 것이 아니었다. 그것은 마치 씨앗처럼 오랜 시간 동안 자라난 결과였다. 열정이라는 씨앗은 나의 어린 시절, 작은 손으로 만들어 낸 모형비행기와 함께 처음 하늘로 날아올랐다. 그 기억은 단순히 과거의 한 장면이 아니라 지금의 나를 만든 첫 단추였다.

초등학교 시절, 운동장에서 나는 우연히 모형비행기를 보았다. 그것은 단순한 종이비행기가 아니었다. 바람을 타고 맑은 하늘을 가로지르는 그 작은 기계는 마치 살아 있는 생명체 같았다. 그 움직임을 지켜보는 동안 내 마음에서 잠들어 있던 어떤 감정이 깨어나는 것 같았다. 나도 저 비행기를 만들어 날리고 싶었다. 아니, 그것을 넘어 나만의 비행기를 만들어 내 손으로 하늘을 가로지르게 하고 싶었다. 집으로 돌아오자마자 나는 손에 종이와 연필을 들었다. 머릿속에는 운동장에서 보았던 비행기의 모습이 선명히 남아 있었다. 그것을 흉내 내어 그려 보았지만, 그림으로는 부족했다. 나는 실제로 날아오를 수 있는 무언가를 만들어야만 했다.

처음에는 설명서를 사서 하나하나 따라 만들었다. 하지만 손으로 조립한 첫 비행기는 제대로 날아오르지도 못하고 땅에 곤두박질쳤다. 그 실패는 다소 실망스러웠다. 그러나 그보다 더 강렬했던 것은 그 실패를 극복하고 싶은 마음이었다. 왜 날개가 떨어졌을까? 왜 중심이 기울었을까? 그런 질문들이 머릿속에 가득 찼다. 나는 책을 읽고, 도서관에서 자료를 찾아보고, 때로는 어른들에게 물어보며 비행기의 원리를 배우기 시작했다. 그 모든 과정이 고되고 복잡했지만, 지루하지 않았다. 비행기를 날리고 싶다는 열망은 내게 끝없는 에너지를 주었다. 비행기를 만드는 일은 단순한 놀이가 아니었다. 그것은 나 자신과의 약속이었다. 실패를 분석하고, 더 나은 결과를 내기 위해 새롭게 도전하며, 나는 내 안에 숨어 있던 끈기와 열정을 발견해 갔다. 그 모든 순간이 있어 나는 조금 더 성장했다.

    열정을 탐구하는 과정은 마치 고고학적 발굴과 같다. 고고학자는 땅에 묻힌 유물을 발굴하기 위해 흙을 한 줌 한 줌 치워 간다. 처음에는 무엇을 찾을지 모른 채 막연한 기대감만으로 삽을 들지만, 어느 순간 작은 조각이 발견된다. 그리고 그 조각은 과거의 이야기를 풀어내는 열쇠가 된다. 나에게 비행기를 만들고 날리는 일은 그 작은 조각과도 같았다. 바로 나라는 사람의 본질을 드러내는 중요한 열쇠였다. 비행기는 단순한 도구가 아니었다. 그것은 내 열정과 창의력이 어떻게 작동하는지 보여 주는 유물이자, 내 가능성을 증명하는 도구였다. 고고학자가 발견한 유물을 통해 고대 문명의 삶과 철학을 재구성하듯, 나는 비행기를 통해 나를 재발견했다. 실패와 성공, 두려움과 희망이 어떻게 나를 형성했는지, 그것을 통해 앞으로 어떤 사람이 될 수 있을지 깨달았다.

서울공항에서 열린 모형비행기 대회는 나에게 새로운 도전이었다. 비행기를 손에 들고 서 있는 동안, 나는 내 손안의 결과물이 단순한 장난감이 아니라는 것을 알고 있었다. 그것은 내가 몇 달 동안 쏟아부은 노력과 열정의 결정체였다. 대회장 안에는 수많은 비행기들이 가득했다. 각기 다른 디자인과 재료로 만들어진 비행기들은 마치 저마다의 이야기를 담고 있는 것처럼 보였다. 그 안에서 나는 비록 작은 참가자였지만, 내 비행기와 함께라면 무엇이든 가능할 것 같았다. 내 차례가 다가왔다. 나는 깊이 숨을 들이마시며 비행기를 하늘로 던졌다. 비행기는 천천히 공중으로 날아오르기 시작했다. 그것은 마치 내 열정이 물리적 형태로 하늘을 가로지르는 듯했다. 비행기는 점점 멀어져 지평선 너머로 사라졌다. 그 순간 느꼈던 짜릿함은 대회의 결과와는 무관했다. 그것은 내가 스스로 이룬 성취에 대한 순수한 기쁨이었다.

 대회 결과는 특별하지 않았다. 나는 상을 받지 못했지만, 그날의 경험은 더 중요한 교훈을 주었다. 무언가를 시도한다는 것은 그 자체로 아름다운 일이다. 시도는 단순한 행위가 아니라, 삶의 방향을 결정짓는 중요한 과정이다. 그러나 우리는 종종 실패를 두려워한다. 실패가 곧 끝이라고 생각하기 때문이다. 사르트르가 말했듯, 인간은 "자유의 저주"를 받았다. 자유롭게 선택할 수 있는 능력을 가진 존재이지만, 그 선택에는 책임이 따른다. 실패할 자유, 도전할 자유가 우리에게 주어진 것이다. 내가 진정 두려워하는 것은 실패가 아니다. 내가 두려운 것은 시도가 아무런 결말도 맺지 못한 채 사라지는 것이다. 결과가 성공이든 실패든, 시도는 항상 새로운 가능성을 열어 준다.

초보 학원강사 시절, 나는 다시 한번 비슷한 감정을 느꼈다. 학원은 거대한 미로와도 같았다. 어디서부터 시작해야 할지 막막했고, 내가 맡은 수업은 처음부터 쉽지 않게 느껴졌다. 하지만 나는 두려워하지 않았다. 어린 시절, 모형비행기를 만들던 그때처럼 실패 속에서도 가능성을 찾으려 했다. 처음 맡은 강의에서는 여러 번의 시행착오를 겪었다. 학생들의 눈빛은 쉽게 집중력을 잃었고, 내가 준비한 수업 자료는 예상만큼 효과적이지 못했다. 수업이 끝난 뒤 스스로 자책하며 어떻게 하면 더 나아질 수 있을지 고민했다. 그러나 그 실패 속에서도 나는 배움을 얻었다. "한 번 더 시도해 보자."라는 다짐으로 새로이 자료를 준비하고, 학생들이 흥미를 느낄 만한 방법을 찾아 나섰다. 수업이 끝난 뒤에는 학생들과 이야기를 나누며 그들의 필요와 어려움을 직접 듣기 시작했다. 그렇게 하나하나 고쳐 나가다 보니, 점차 학생들의 반응이 달라졌다. 그들이 내 질문에 적극적으로 대답하기 시작했고, 어려워하던 개념을 스스로 이해하는 모습을 보였다. 그렇게 내가 준비한 수업이 학생들의 성장으로 이어지는 것을 느꼈을 때, 나는 비로소 깨달았다. 그 성공은 단순한 결과 이상의 의미였다. 곧 내가 가진 열정이 어떻게 현실로 나타날 수 있는지를 보여 주는 증거였다.

오늘도 나는 작은 씨앗을 심는다. 씨앗은 흙 속에 묻혀 보이지 않을지라도, 그 안에는 무한한 가능성이 숨어 있다. 나는 그것이 언젠가 자라 하늘로 뻗어나갈 것을 믿는다. 씨앗에서 나무로, 나무에서 열매로 이어지는 과정을 떠올리며, 나의 도전 역시 언젠가 빛나는 결실로 이어질 것임을 기대한다. 열정은 멈추지 않는다. 그것은 끊임없이 자라고,

더 넓은 하늘을 향해 뻗어 나간다. 지금의 나는 여전히 새로운 비행기를 만드는 어린 소년이며, 동시에 세상을 향해 씨앗을 심는 신입사원이다. 그것이 내가 가장 사랑하는 나의 모습이다.

작은 봉지 속 위로

살아가다 보면 누구나 시련을 맞닥뜨리게 된다. 그 시련은 때로는 폭풍처럼 몰아치고, 때로는 가랑비처럼 스며든다. 사람마다 시련을 극복하는 방법은 제각각이겠지만, 내게는 의외로 사소한 것이 가장 큰 힘이 되었다. 바로 레모나다. 어떤 사람에게는 단순한 영양제로 보일지 모른다. 하지만 내게는 그 작은 봉지 속에 담긴 상큼한 맛이, 내가 다시 일어설 수 있도록 도와준 원동력이었다. 이 이야기는 나를 성장하게 한 시련들과 그 속에서 발견한 작은 위로에 관한 것이다.

대학생 시절, 나는 누구보다 성실한 학생이었다. 수업 시간마다 열심히 필기하고, 집에 돌아와 복습하며 하루하루를 채웠다. 과제를 작성하고 발표를 준비하며, 유능한 학생으로 인정받고 싶었다. 동시에 사랑에도 최선을 다하고 싶었다. 첫 연애였던 만큼 나는 헌신적으로 여자친구를 대했다. 작은 기념일에도 깜짝 이벤트를 준비하고 상대의 모든 말과 행동에 귀를 기울이며 그녀를 행복하게 해 주고 싶었다. 그러나 그 열정이 결국 독이 되었던 걸까. 그녀는 어느 날 "너무 부담스럽다"라며 이별을 통보했다. 그 순간 머릿속이 하얘졌다. 나름 최선을 다했다고 생각했는데, 그 노력이 오히려 상대에게는 너무 무겁게 다가왔던 것이다. 그 이별은 나에게 큰 시련이었다. 자다가도 벌떡 일어나 휴대폰 메시지를 확인했다. 혹시 그녀가 나를 다시 찾지 않을까 기대했지만, 그런 일은 일어나지 않았다. 모든 것이 멈춰 있는 듯한 시간 속에서 나는 앞으로 어떻게 나아가야 할지 알 수 없었다.

그런 날이 계속되던 어느 날, 친구가 나를 걱정스러운 눈빛으로 바라보며 작은 봉지 하나를 건넸다. "요즘 너무 피곤해 보여. 이거 먹어

봐." 그것이 레모나였다. 별다른 기대 없이 봉지를 뜯어 입안에 털어 넣었다. 상큼하고 자극적인 맛이 혀끝에 퍼지는 순간, 묘한 기분이 들었다. 마치 그 맛이 나에게 "정신 차려, 괜찮아질 거야"라고 말해 주는 것 같았다. 그날 이후 나는 레모나를 한 봉지씩 사서 가방에 넣고 다녔다. 혼란스러운 감정이 밀려올 때마다 하나를 꺼내 입안에 털어 넣으며 스스로를 다독였다. "괜찮아질 것이다. 좋아질 것이다. 이겨 낼 것이다." 레모나의 상큼한 맛과 함께 반복했던 이 주문은 점점 나의 일상이 되었다.

흔히 사람들은 '시간이 약'이라고 말한다. 처음에는 그 말이 얼마나 공허하게 들렸는지 모른다. 내가 겪은 상처가 단지 시간이 흐른다고 해서 치유될 수 있을까? 그러나 나는 곧 깨달았다. 시간은 단순히 상처를 치유하는 것이 아니라, 상처를 안고 살아가는 법을 가르쳐 준다는 것을. 레모나는 나에게 시간을 견딜 작은 힘을 주었다. 상처가 아물어 가는 동안, 그 작은 봉지는 나의 정신적 지지대가 되어 주었다. 레모나는 단순한 비타민C 영양제가 아니었다. 그것은 나에게 다시 살아갈 수 있는 희망과 에너지를 상징했다.

대학을 졸업한 뒤, 나는 영어 선생님으로서 첫발을 내딛었다. 설렘과 기대가 가득했지만, 첫날부터 쉽지 않았다. 학생들 앞에 서는 일은 내 생각보다 훨씬 더 어렵고 긴장되었다. 수업 계획을 철저히 세우고, 자료를 준비했지만, 아이들은 쉽게 집중력을 잃었다. 특히 중학생들을 가르치는 일이 가장 큰 도전이었다. "선생님, 영어 왜 배워야 돼요?"라고 묻는 학생들의 표정에는 진지함과 장난스러움이 뒤섞여 있었다. 나는 그 질문에 단순히 "시험에 필요하니까"라고 대답할 수 없었다. 영어를 가르치는 것이 단지 성적을 올리기 위한 것이 아니라, 학생들에게 새로운 세계를 열어 줄 수 있는 도구임을 알려 주고 싶었다.

그날도 수업을 마친 뒤 지친 마음으로 집에 가는 길에 편의점에 들렀다. 그리고 계산대 옆에 놓인 레모나를 발견했다. 대학 시절 나를 위로해 주었던 그 작은 봉지 하나가 생각났다. 한 봉지를 집어 들고 입안에 털어 넣으며 마음을 다잡았다. 다음날부터 나는 수업 방식에 변화를 주기로 결심했다. 아이들이 흥미를 가질 만한 이야깃거리를 찾기 위해 노력했다. 내가 좋아하는 영화와 노래에서 영어 문장을 뽑아 오거나, 학생들에게 그들만의 문장을 만들어 보게 했다. 아이들은 처음에는 어리둥절했지만, 점차 참여도가 높아졌다. 가끔은 수업 중간에 레모나를 꺼내며 웃으며 말했다. "이거 먹으면 상큼해서 힘 난다. 너희도 필요하면 말해." 학생들은 웃으며 "선생님, 영어도 레모나처럼 상큼하게 가르쳐 주세요!"라고 농담을 던졌다. 그 한마디가 나에게 큰 힘이 되었다.

한 번은 수업 후 한 학생이 다가와 말했다. "선생님, 저 영어 진짜 싫어했는데 요즘 좀 재미있어졌어요." 그 말을 듣는 순간, 나는 이 길이 결코 헛되지 않다는 확신이 들었다. 작은 위로와 상큼한 변화가 학생들에게도 전해지고 있었다. 그렇게 레모나는 내가 시련을 극복할 때마다 나를 일으켜 세워 준 작은 상징이 되었다. 대학 시절 이별의 아픔도, 영어 교사로서의 어려움도 나는 그 작은 봉지 속에서 위로와 용기를 발견하며 견뎌 냈다. 살다 보면 크고 작은 시련이 찾아온다. 그것이 사랑의 상처이든, 직업에서의 고민이든, 개인의 한계를 넘어서는 도전이든, 우리는 결국 그 순간을 이겨낼 수 있다. 나에게 레모나는 그 과정을 함께한 친구이자, 시련을 이겨내는 원동력이었다. 오늘도 나는 레모나를 한 봉지 입에 털어 넣으며 산책을 떠난다. 그리고 나 자신에게 속삭인다. "괜찮아질 거야." 작은 위로가 쌓이고 쌓여 내 삶을 지탱하는 큰 힘이 된다는 것을 나는 안다. 그 상큼한 맛처럼, 내 삶도 다시 한 번 새로워질 것이다.

(마음익히기)

힘든 순간을 버티게 해 준
작은 위로는 무엇이었나요?

몰입의 두 얼굴

11월의 찬바람이 불기 시작하면 내 마음도 함께 설레기 시작한다. 바로 나의 겨울 취미, 낚시가 시작되기 때문이다. 얼음이 꽁꽁 얼어붙는 한겨울이면 주말이 기다려진다. 내가 가장 좋아하는 얼음 송어낚시를 떠날 수 있기 때문이다. 낚싯대를 들고 얼음 위에 서면 그 순간만큼은 모든 잡념이 사라진다. 얼음 구멍 아래에서 느릿하게 헤엄치는 송어들의 움직임에 온 신경이 쏠리고, 송어를 유혹하려고 미끼를 살랑살랑 흔드는 동안 시간은 어느새 사라지고 없다.

사람들은 종종 묻는다. "4월부터 11월까지는 왜 낚시를 가지 않나요?" 대답은 간단하다. 그 기간은 학원 강사로서 가장 바쁜 시기이기 때문이다. 중간고사와 기말고사 준비, 수능 대비로 바쁜 학생들을 위해 주말에도 쉬지 않고 출근하는 날이 많다. 하지만 그 덕분에 겨울이 더 특별해지는지도 모르겠다. 11월부터 3월 초까지, 낚시터로 떠나는 주말은 나에게 단순한 취미 이상의 시간이 된다.

얼음 송어낚시는 단순히 낚시 그 자체를 넘어선 의미를 가진다. 얼음 위에서 낚싯대를 잡고 구멍 속을 들여다보면, 물속에서 유영하는 송어들이 보인다. 송어를 유혹하며 낚아 올리기까지의 과정은 마치 퍼즐을 푸는 것과도 같다. 미끼를 흔들어 보기도 하고, 깊이를 조절해 보기도 하며 송어의 반응을 살핀다. 어떤 송어는 미끼에 관심을 보이며 다가오다가 마지막 순간에 뒤돌아 유유히 사라지고, 어떤 송어는 예상치 못한 순간에 미끼를 덥석 물고 간다. 잡으려는 마음이 앞설수록 송어는 더 멀리 도망가고, 기다리는 시간이 길어질수록 낚싯대를 잡은 손끝의 감각은 더 예민해진다.

얼음 위에서 느끼는 차가운 공기와 눈앞에 펼쳐진 맑은 자연, 그리고 물속에서의 작은 움직임 하나하나에 집중하는 경험은 그 자체로 스트레스 해소가 된다. 때로는 몇 시간을 보내도 물고기가 잡히지 않는다. 그러나 송어를 한 마리 낚아 올릴 때의 희열은 그 고생을 충분히 보상해 준다. 낚시터에서 그 순간을 기다리는 동안, 나는 인내심과 집중력을 배우고, 기다림의 미학을 다시금 깨닫는다. 얼음 송어낚시를 하다 보면 기억에 남는 순간이 많다.

한겨울, 바람이 매섭게 불던 날의 일이었다. 작은 구멍을 뚫고 물속을 들여다보는데, 몸집이 유독 크고 빛나는 송어 한 마리가 보였다. 나는 그 송어를 잡고 싶다는 생각에 미끼를 조금 더 정교하게 흔들어 보았다. 송어는 관심을 보이는 듯 천천히 다가왔지만, 미끼에 닿기 직전 다시 멀어졌다. 그날 나는 거의 두 시간을 그 송어와 대치했다. '이번에는 꼭 잡겠다'고 다짐하며 미끼의 각도를 바꿔 가며 시도했다. 그러나 결국 그 송어는 다시 구멍 아래로 사라졌다. 비록 잡지 못했지만, 그날 느꼈던 긴장감과 몰입의 순간은 낚시의 본질을 보여 주는 경험이었다. 낚시란 단순히 송어를 잡아 올리는 행위를 넘어, 그 과정에서 내가 어떤 태도로 기다리고 움직이는지 돌아보게 하는 일이기도 하다.

겨울에는 얼음 구멍 앞에 앉아 낚시에 몰입하지만, 나의 삶에서 또 다른 몰입의 대상은 바로 강의 촬영이다. 대학 4학년 때 처음 강의를 준비하며 내가 얼마나 열정을 쏟고 있는지 깨닫게 되었고, 그 열정을 기록으로 남기고 싶다는 생각이 들었다. 그때부터 카메라와 마이크를 활용해 내 수업을 촬영하기 시작했다. 처음에는 단순히 강의 내용을 보충하기 위해 시작한 일이었지만, 촬영을 거듭할수록 나는 점점 강의 촬영의 매력에 빠져들었다. 전자칠판 앞에서 교과서를 설명하고, 중요한 내용을 짚어 가며 학생들이 이해하기 쉬운 방식으로 표현하려 애쓰는 그 과정은 내게 새로운 도전이었다.

강의를 촬영할 때마다 느끼는 긴장감과 몰입은 낚시에서 송어를 기다릴 때와 비슷하다. 강의를 찍으며 가장 중요한 것은 내 말과 행동이 화면 속에서 어떻게 전달될지를 예측하는 것이다. 낚시에서 송어를 유혹하기 위해 미끼를 흔들고 기다리듯, 강의에서는 학생들의 이해를 돕기 위해 표현을 다듬고 내용을 조정해야 한다. 강의 촬영은 단지 나만의 기록으로 끝나지 않았다. 내가 촬영한 강의를 활용해 학생들에게 거꾸로 교실 방식을 도입하면서, 수업은 완전히 새로운 전환점을 맞이했다. 학생들은 집에서 영상을 통해 미리 학습하고, 학원에서는 복습과 문제 풀이 위주의 수업에 참여했다. 이 방식은 나와 학생 모두에게 새로운 가능성을 열어 주었다. 미리 강의를 보고 온 학생들은 수업 시간에 더 적극적으로 참여하고, 더 많은 질문을 던졌다. 나는 단순히 지식을 전달하는 역할에서 벗어나, 학생들과 더 깊이 소통하며 그들의 학습 과정을 도울 수 있었다. 거꾸로 교실의 효과를 보며 나는 깨달았다. 몰입의 힘은 단지 내가 즐기는 것에서 끝나는 것이 아니라, 학생들에게도 긍정적인 영향을 줄 수 있다는 사실을.

겨울 낚시와 강의 촬영은 얼핏 보기에는 전혀 다른 활동처럼 보인다. 하나는 자연 속에서의 고요한 시간이고, 다른 하나는 기술과 지식을 활용한 생산적인 작업이다. 그러나 이 두 활동은 나에게 공통된 의미를 가진다. 그것은 바로 몰입이다. 얼음 구멍 속의 송어를 기다리며, 나는 자연과 하나가 된 듯한 평화를 느낀다. 반면, 강의실에서 촬영을 준비하며 느끼는 몰입은 나 자신과의 대화에 가깝다. 어떤 말을 어떻게 전달할지 고민하며, 학생들에게 더 나은 배움을 제공하기 위해 노력하는 그 과정에서 나는 끊임없이 성장한다. 몰입은 나에게 단순한 시간 보내기가 아니다. 그것은 나를 다른 차원으로 데려가고, 내가 새로운 시각으로 세상을 바라보게 한다. 낚시와 강의 촬영 모두 나를 몰입의 세계로 인도하며, 내 삶을 더욱 풍요롭게 한다. 몰입은 단순히 우리가 특정한 활동에 집중하는 것을 넘어, 우리 삶의 균형을 잡아 주는 중요한 힘이다.

얼음 송어낚시를 하거나 강의를 촬영하며 몰입할 때, 나는 비로소 자신을 잊고 무언가에 완전히 빠져드는 경험을 한다. 그런 경험은 삶의 시련을 이겨 내고 더 나은 사람으로 성장하는 데 없어서는 안 될 요소다. 낚시에서 나는 인내와 기다림의 가치를 배웠다. 얼음 구멍 속에서 느끼는 고요함은 내가 복잡한 삶의 문제를 잠시 내려놓을 수 있도록 도와주었다. 반면, 강의 촬영에서는 나의 열정을 실현하고, 더 나은 결과를 위해 스스로를 끊임없이 단련하는 방법을 배웠다.

오늘도 나는 두 가지 몰입의 세계를 살아간다. 얼음 위에서 구멍을 뚫고 송어를 기다리며 자연과 대화하고, 강의실에서 카메라 앞에 서서 학생들과의 만남을 준비한다. 이 두 가지는 내 삶을 더욱 풍요롭게 하는 중요한 축이다. 낚시터에서 느낀 설렘과 강의 촬영에서의 성취감은 내가 시련을 극복하고 삶을 살아가는 데 중요한 지지 기반이 되어 준다. 작은 얼음 구멍과 작은 강의 영상이 쌓이고 쌓여, 오늘도 나는 나의 길을 걸어갈 힘을 얻는다.

(마음익히기)

가장 깊이 몰입했던 경험은
언제였나요?

아, 피곤해

내가 자주 쓰는 말버릇이 무엇일까 고민하며 책상 앞에 앉아 있다가 문득 내뱉은 한마디가 있었다. "아, 피곤해." 차를 마시기 위해 자리에서 일어나며 무심코 한 이 말은 내 말버릇을 그대로 드러냈다. 사실 나는 별로 피곤하지 않았는데도 이런 말을 습관처럼 하고 있다는 걸 깨달았다. 최근의 나를 떠올려 보니 샤워를 마치고 나올 때나 지하철 계단을 내려갈 때처럼 특별히 힘들지 않은 순간에도 "피곤하다"는 말을 자주 했던 기억이 난다. 정말로 피곤한 때도 물론 있었겠지만, 실제로는 무의식적으로 입에서 나오는 경우가 훨씬 더 많았다.

말버릇은 때로 우리의 무의식 깊숙한 곳에서 나온다. 내가 "아, 피곤해"라는 말을 자주 사용한다는 것을 깨달았을 때, 그것이 단순한 습관 이상의 의미를 지닌다는 생각이 들었다. 무언가를 반복적으로 말할 때, 그 말은 단순히 언어적 표현으로 머무르지 않고 나의 사고방식과 감정 상태를 형성해 나간다. 내가 아무 생각 없이 "피곤하다"고 말할 때, 내 몸과 마음이 그 말에 반응하며 실제로 피곤함을 느끼도록 조건화된 것은 아닐까? 그렇다면, 이 말은 단순한 불평이나 푸념을 넘어 나의 신체적·정신적 상태를 만들어 내는 씨앗이었을지도 모른다. 나 자신도 모르는 사이, 나는 피곤하다는 말을 통해 피로감을 내 몸에 각인시키고 있었다. 그리고 이 반복되는 말이 내 삶에 어떤 영향을 미쳤는지를 가장 극명하게 보여 준 사건이 있었다.

최근 나는 만성 피로로 고생한 적이 있다. 하루는 아침에 일어나기도 버거울 만큼 몸이 무거웠다. 어지럽고, 하루를 시작할 기운조차 없었다. 결국 병원을 찾아 초음파 검사와 피검사를 진행했지만 결과는 이상 없다는 것이었다. 의사는 나에게 부신기능저하증일 가능성을 언급했다. 신장 위에 있는 작은 기관인 부신이 스트레스로 인해 제대로 호르몬을 분비하지 못하면 만성 피로를 유발할 수 있다는 설명이었다. 그 말을 듣는 순간 나는 문득 깨달았다. 내가 얼마나 자주 "피곤하다"는 말을 했는지를. 정말로 피곤한 날도 물론 있었겠지만, 그렇지 않은 날에도 습관적으로 그 말을 내뱉었던 나를 돌아보게 되었다. 의사는 스트레스가 부신에 큰 영향을 미칠 수 있다고 말했다. 그리고 생각했다. 혹시 내가 매일같이 "피곤하다"는 말을 함으로써 내 몸과 마음에 끊임없이 피로를 암시한 것은 아닐까?

"피곤하다"는 말은 단순히 내가 느끼는 상태를 표현하는 것에 그치지 않았다. 그것은 나의 일상과 감정 상태를 규정하고 있었다. 아침에 눈을 뜨자마자 "아, 피곤해"라고 중얼거리면, 그날 하루는 마치 실제로 피곤해야만 할 것 같은 날로 시작되었다. 에너지가 넘치는 순간에도 이 말이 불쑥 튀어나오면, 내 몸과 마음은 그 말에 맞춰 무거운 기분을 느꼈다. 말버릇은 단순한 언어 표현 이상이다. 그것은 우리 삶의 방향을 설정하는 무형의 힘이다. "피곤하다"는 말을 반복하는 동안, 나는 그 말이 내 삶을 지배하고 있다는 사실을 몰랐다. 그것은 나를 피로라는 감정 속에 가두는 틀이 되어 있었다. 병원을 다녀온 후 나는 결심했다. "피곤하다"는 말을 의식적으로 줄이고, 긍정적인 말로 바꾸기로 한 것이다.

처음에는 단순히 말버릇을 바꾸는 것이 무슨 효과가 있을까 싶어 회의적이었다. 하지만 하루하루 시도하면서 그 말이 내 삶에 미치는 영향을 서서히 깨달을 수 있었다. 아침에 일어나서 피곤함이 느껴지더라도, "아, 피곤해"라는 말 대신 "괜찮아. 오늘은 좋은 날이 될 거야"라고 말했다. 처음에는 그 말이 어색하고 거짓말처럼 느껴졌다. 하지만 시간이 지나면서 긍정적인 말을 할 때마다 기분이 조금씩 가벼워지는 것을 느꼈다. 부정적인 말이 나를 피로 속으로 밀어 넣었던 것처럼, 긍정적인 말은 나를 조금씩 그 밖으로 끌어내 주었다.

말을 바꾸는 것은 단순히 표현만 달라지는 것이 아니었다. 말의 변화는 나의 태도와 사고방식에도 영향을 미쳤다. 긍정적인 말을 사용하기 시작하면서 스트레스를 다루는 방법도 조금씩 바뀌었다. 이전에는 일이 쌓이고 피곤할 때, "너무 힘들다. 이제 못 하겠다"는 생각이 앞섰다면, 이제는 "조금 힘들지만 해낼 수 있다"는 태도를 가지게 되었다. 말버릇을 바꾸는 것은 곧 나 자신을 대하는 태도를 바꾸는 일이었다. "피곤하다"는 말은 나를 나약하게 만들었지만, "괜찮다"는 말은 나를 스스로 지지하고 위로하는 힘이 되었다. 나는 말버릇을 바꾸는 과정에서 이 사실을 깨달았다. 그리고 그것은 내 삶의 철학처럼 자리 잡았다.

나는 이제 "아, 피곤해"라는 말을 거의 하지 않는다. 대신 "괜찮아"나 "오늘도 잘 해낼 거야" 같은 말을 자주 사용한다. 작은 말 한마디가 내 하루를 바꾸고, 더 나아가 내 삶을 바꿀 수 있다는 것을 알기 때문이다. 오늘 아침에도 무의식적으로 "아, 피곤해"라는 말이 튀어나오려던 순간, 나는 곧바로 "괜찮아, 오늘은 좋은 날이 될 거야"라고 말했다. 그리고 차 한 잔을 끓이며 스스로에게 미소를 지었다. 긍정적인 말은 내 하루의 시작을 바꾸고, 더 나아가 내 삶 전체를 바꾸는 작은 씨앗이 되었다. 나는 앞으로도 새로운 말버릇을 만들어 갈 것이다. "아, 피곤해"라는 말 대신 "괜찮아"와 "고마워" 같은 긍정의 언어로 나 자신과 대화를 나누고 싶다. 오늘도 나는 그 작은 변화로 한 걸음 더 나아간다.

(마음익히기)

무의식적으로
자주 사용하는 말버릇은 무엇인가요?

균형

005

나는 나 자신을 대담한 사람이라고 생각한다. 새로운 일을 시도하거나 도전할 때, 크게 두려워하거나 망설이지 않는다. 해야 한다고 판단되면 곧바로 도전하고, 실패한다면 다시 도전하면 그만이라는 태도로 살아왔다. 실패를 대수롭지 않게 여기고, 오히려 실패에서 얻는 배움을 즐기며 앞으로 나아가는 성격은 나의 큰 강점이라고 생각한다. 고등학교 시절, 나는 한 번도 경험해 보지 않은 독서 토론 대회에 도전한 적이 있다. 준비 과정에서 많은 시행착오를 겪었지만 결국 서울시 1등이라는 결과를 얻었다. 그 경험은 내가 어떤 도전을 시작하든 스스로를 믿고 나아갈 수 있다는 자신감을 심어 주었다.

대학교 때도 마찬가지였다. 처음에는 전자공학을 전공했지만, 영어 강사가 되고 싶다는 꿈을 이루기 위해 과감하게 영문학과로 전과했다. 전공 변경은 결코 쉬운 결정이 아니었지만, 두려움 없이 나아가다 보니, 결국 나의 진로를 새롭게 설계할 수 있었다. 지금도 학부모 상담이나 강의를 할 때, 사람들 앞에서 이야기하는 것을 두려워하지 않는다. 오히려 새로운 환경과 사람을 만나는 것을 즐기는 편이다. 이러한 대담함은 내가 새로운 분야를 받아들이고 배움의 즐거움을 찾는 데 큰 도움이 되었다.

그러나 내가 가진 이 대담함에도 걸림돌이 있다. 바로 나의 꼼꼼함이다. 누군가는 꼼꼼하면 좋은 것 아니냐 말할 수 있겠지만, 나의 경우에는 그 꼼꼼함이 종종 완벽주의로 변질되곤 한다. 나는 어떤 일을 시작하면 반드시 그 분야에서 끝장을 봐야 한다는 강박을 느낀다. 목표를 완벽히 이루지 못하면 마음이 불편하고, 일이 완성되지 않은 상태를 견

디기 힘들다. 이런 성향은 한편으로는 내가 도전에 성공하는 원동력이 되기도 하지만, 지나친 에너지 소모와 스트레스를 유발하기도 한다.

완벽주의의 가장 큰 문제는 모든 에너지를 한 가지 일에 쏟아붓다 보니 다른 일에 지장을 주거나, 아예 중도 포기하게 되는 상황을 초래한다는 점이다. 예를 들어, 새로운 강의 자료를 준비할 때 한 번 시작하면 자료가 완벽히 정리되고 모든 시나리오가 준비될 때까지 멈출 수 없다. 밤새워 작업하고 나면 만족스러운 결과물이 나올지언정, 다음 날 강의 준비나 다른 업무에 지장이 생긴다. 나는 한 가지를 대충하는 것보다는 아예 포기하는 것이 낫다고 생각했던 적이 많다. 그런데 이런 태도가 반복되다 보니 점차 부담감이 쌓이기 시작했다. 도전을 통해 무언가를 배우고 성취해야 할 상황에서도, 완벽하지 않으면 아예 시도조차 하지 않으려는 내 자신을 발견하기도 했다.

이러한 완벽주의의 문제를 해결하기 위해 나는 목표를 세분화하는 방법을 시도하기 시작했다. 큰 프로젝트를 시작할 때 우선 작은 목표로 나누어 관리하는 것이다. 예를 들어, 한 달 안에 완성해야 할 강의 자료를 매주 하나의 섹션으로 나누어 매주마다 작은 목표를 달성하는 방식으로 진행했다. 처음에는 이러한 방법이 잘 맞지 않을 것 같았지만, 작은 목표를 하나씩 완성해 나가다 보니 성취감을 느끼며 동기를 유지할 수 있었다. 매주 작은 성과를 이루다 보니, 몇 달이 지나면 큰 프로젝트가 완성되어 있었다. 중요한 것은 한 번에 모든 것을 이루려는 강박에서 벗어나, 조금씩 완성을 향해 나아가는 과정에 집중하는 것이었다.

나는 내가 가진 꼼꼼함과 완벽주의를 무조건 버려야 한다고 생각하지 않는다. 그것은 오히려 내 중요한 장점 중 하나라고 생각한다. 다만, 나를 압박하거나 내게 무거운 짐을 주는 대신, 내 성장을 돕고 동기를 부여하는 방향으로 활용할 수 있어야 한다고 느꼈다. 이를 위해 내가 가진 완벽주의 성향을 인정하고, 그것을 조절할 수 있는 방식을 찾았다. 큰 목표를 작은 단위로 나누고, 그 과정에서 작은 성취를 스스로 축하하는 방법이 내 성격에 잘 맞았다. 또한, 모든 일을 완벽히 끝내야 한다는 강박 대신, '충분히 잘했다'는 기준을 스스로 정하는 연습을 했다.

대담함과 꼼꼼함은 내 성격의 양면이다. 한쪽은 나를 새로운 도전으로 이끌고, 다른 한쪽은 그 도전을 이루기 위해 집중하고 몰입하게 한다. 그러나 두 성향이 균형을 잃을 때, 나는 지치고 부담감을 느낄 수밖에 없다. 그래서 나는 항상 이 두 가지 성향을 조화롭게 유지하려고 노력한다. 지금까지 삶에서 이 두 가지 성향으로 나는 많은 도전을 하고 성취를 이루었다. 독서토론 대회에서 1등을 하고, 전공을 바꾸는 과감한 결정을 내리고, 영어 강사로서 학생들과 학부모 앞에 당당히 서는 모든 순간은 나의 대담함과 꼼꼼함이 만들어 낸 결과였다. 나는 앞으로도 나의 성격을 부정하거나 억누르지 않을 것이다. 대신 내 성향을 잘 이해하고, 그것을 긍정적으로 활용할 수 있는 방법을 찾을 것이다. 작은 목표로 나누고, 스스로를 격려하며, 지나친 완벽주의에서 벗어나 조금 더 여유로운 마음을 가지려 한다.

삶은 도전과 성취의 연속이다. 나는 나의 대담함으로 계속해서 새로운 분야에 도전할 것이며, 내 꼼꼼함으로 그 도전을 완성하는 기쁨을 누릴 것이다. 무엇보다 중요한 것은 나 자신을 이해하고, 나만의 방식으로 균형을 찾아가는 것이다. 오늘도 나는 목표를 세우고 한 걸음씩 나아간다. 대담함과 꼼꼼함 사이에서 균형을 찾으려는 노력은 계속될 것이다. 완벽하지 않아도 괜찮다고 스스로를 다독이며, 조금씩 앞으로 나아가는 과정을 즐기려 한다. 내 성향은 나만의 특징이자, 나의 삶을 만들어 가는 중요한 도구다. 오늘도 나는 그 도구를 잘 다루기 위해 노력하며, 도전과 성취의 기쁨을 향해 한 걸음 더 나아간다.

> **마음익히기**

성취보다 과정이 더 기억에 남았던 경험이 있나요?

이과 같은 영어강사

006

나는 초등학교 시절부터 대학 진학까지 줄곧 이과생이라는 타이틀로 살아왔다. 과학 영재교육원에 다니며 매일 실험을 했고, 과학 동아리에 들어 각종 대회에 참여했다. 학창 시절의 나를 대표하는 이미지는 늘 흰 가운을 입고 실험 기구를 만지는 모습이었다. 대학교 진학에서도 마찬가지였다. 전자공학과를 선택했고, 성실히 1학년을 다니며 꽤 괜찮은 학점도 받았다. 그 시절만 해도 내 미래는 전자공학이라는 분야 안에서 그려지고 있었다. 그러나 대학교 1학년 시절, 예상치 못한 전환점이 찾아왔다. 지인의 소개로 영어 과외를 시작하게 된 것이 그 계기였다.

어릴 때부터 영어는 나에게 비교적 친숙한 과목이었다. 영어 공부를 즐겨 했고, 새로운 표현을 배우는 것이 재미있었다. 과외를 시작했을 때도 별다른 거부감 없이 임할 수 있었다. 처음에는 단순히 용돈을 벌기 위해 시작했지만, 과외를 하다 보니 점차 영어를 가르치는 일의 매력을 발견하게 되었다. 학생들의 눈빛이 점점 달라지는 것을 보는 순간이 특히 그랬다. 하루하루 성적이 오르고, 그들이 이전에 어려워하던 문제를 스스로 풀어내는 모습을 보며 나는 깊은 보람을 느꼈다. 과외 학생이 늘어나면서 어느덧 나는 4명의 학생을 가르치고 있었다. 영어를 가르치는 일은 단순한 아르바이트 이상의 의미로 다가왔다. 나는 문득 이런 생각을 했다. '내가 영어를 가르치는 삶을 살아간다면 어떨까?'

하지만 그와 동시에 나는 전자공학이라는 기존의 길과 영어라는 새로운 길 사이에서 깊은 고민에 빠졌다. 전자공학은 나에게 익숙한 분야였다. 오랜 시간 과학을 공부하며 이과생으로 살아왔던 만큼, 전자공학에 대한 흥미도 분명히 있었다. 더구나 전자공학과는 취업률이 높고 안정적인 미래를 보장하는 학과로 평가받고 있었다. 반면, 영어라는 새로운 길은 낯설고 불확실했다. 나는 전자공학을 계속 공부해야 하는지, 아니면 영어라는 새로운 길에 도전해야 하는지 줄다리기를 하며 고민했다. 머리로는 전자공학을 선택하는 것이 합리적이라고 생각했지만 마음은 영어를 향하고 있었다. 결국 나는 용기를 내어 영문학과로 전과하기로 결정했다. 이 선택은 쉽지 않았다.

부모님께 전과 결정을 알렸을 때, 다행히 부모님은 나의 뜻을 존중해 주셨다. 하지만 주위 사람들의 반응은 달랐다. "왜 안정적인 전자공학을 포기하려 하느냐"는 만류와 걱정 섞인 조언이 이어졌다. 심지어 전과 면접에서조차 영문학과 교수님은 나를 의아하게 보며 "왜 전자공학을 두고 영문학을 선택하려 하느냐"고 물었다. 나는 이 모든 질문에 담담히 답했다. 영어를 가르치고 싶은 마음이 강하다는 것, 그리고 그 선택을 위해 어떤 어려움도 기꺼이 감수하겠다는 결심을 전했다. 전과는 승인되었고, 나는 새로운 출발선에 섰다.

영문학과로 전과한 뒤, 나는 내 선택을 증명하기 위해 더 열심히 공부해야 했다. 이과생으로 살아오며 쌓아 온 사고방식과 학문적 접근은 영문학이라는 전혀 다른 분야에서는 크게 도움이 되지 않았다. 문학 작품을 분석하거나 복잡한 문법 구조를 이해하는 일은 새로운 도전이었다. 특히, 처음 접한 영문학의 세계는 낯설고 어려웠다. 다른 학생들은 이미 탄탄한 기초와 익숙함을 바탕으로 수업을 따라갔지만, 나는 학습의 많은 부분을 새롭게 시작해야 했다. 하지만 나는 결코 물러서지 않았다. 강의 내용을 따라가기 위해 교재를 몇 번이고 반복해 읽고, 밤늦게까지 도서관에 머물며 과제를 준비했다. 이런 노력 끝에 나는 영문학과에서 3등으로 졸업하며 표창장을 받았다. 이 결과는 단순히 성적 이상의 의미를 담고 있었다. 그것은 내가 내린 선택이 틀리지 않았음을 증명한 것이었고, 무엇보다 나 자신을 믿고 도전했던 결과물이었기 때문이다.

영문학과에서의 경험은 나에게 중요한 교훈을 주었다. 도전에 대한 두려움보다 중요한 것은, 그 도전 속에서 얼마나 나 자신을 믿고 노력하느냐는 것이다. 나는 전과라는 큰 결정을 내리고, 그 과정에서 수많은 어려움을 겪었지만, 결국 노력으로 나는 더 단단해졌다. 이 선택은 단순히 전공을 바꾼 것 이상의 변화를 내 삶에 가져왔다. 나는 새로운 길로 나아가며 자신감과 자존감을 얻었다. 전자공학이라는 익숙한 길을 떠나 낯선 영문학의 세계에 도전하며, 스스로의 가능성을 새롭게 발견했다. 더 나아가, 이 경험을 통해 실패나 어려움이 두려움의 이유가 될 수 없음을 깨달았다. 중요한 것은 자신이 진정 원하는 것을 선택하고, 그 선택에 책임을 다하며 나아가는 것이다.

이런 내 도전이 학생들에게도 용기를 줄 수 있기를 바란다. 어떤 도전이든 진심을 다해 노력하면 결국 길은 열릴 것이라는 메시지를 전하고 싶다. 지금의 나는 영어를 가르치는 강사로서 과거의 선택과 도전을 자랑스럽게 생각한다. 만약 내가 전자공학이라는 익숙한 길을 고수했다면, 지금처럼 영어를 가르치며 보람을 느끼는 삶을 살지 못했을 것이다. 도전으로 나는 더 나은 사람이 되었다. 앞으로도 나는 새로운 길을 만났을 때 두려움 없이 나아가고, 그 안에서 나 자신을 발견하며 성장해 나갈 것이다. 도전이란 결국, 스스로를 믿고 앞으로 나아가는 과정이라는 것을 잊지 않으면서.

(마음익히기)

익숙한 길을 벗어나 새로운 길을
택했던 순간이 있나요?

아직 시작되지 않은 설렘에 대하여

007

'주저한다'는 말은 내 삶의 여러 순간을 떠올리게 한다. 어떤 일을 앞두고 망설이거나, 머뭇거리거나, 결심하지 못한 채 머물렀던 수많은 시간들. 이 글을 쓰며 가장 먼저 떠오른 것은 바로 운동이었다. 나는 매일 운동을 하겠다는 다짐을 한다. 하루를 마치고 책상에서 일어나 침대에 몸을 던지며, "내일부터는 진짜로 시작하자!" 하고 혼잣말한다.

그러나 그 내일은 좀처럼 오지 않는다. 학원 원장이라는 직업은 수업 시간을 제외하고도 책상에 앉아 수업 준비와 업무를 처리하는 시간이 대부분이다. 그 결과 몸은 점점 굳어 가고, 다리는 쉽게 붓는다. 대학생 때는 달랐다. 그 시절의 나는 몸짱이 되어보겠다는 일념 하나로 매일같이 헬스장으로 향했다. 강의가 끝나면 운동복을 갈아입고 땀에 젖은 채로 하루를 마무리하곤 했다. 운동은 내 삶의 활력소였고, 몸을 움직이며 느끼는 에너지로 다음 날의 나는 더욱 활기차게 생활할 수 있었다. 그러나 나이가 들어 가며 체력은 조금씩 떨어졌고, 퇴근 후에는 그저 침대 위에서 하루를 마무리하는 날이 점점 많아졌다.

운동을 앞두고 주저하는 나 자신을 바라보면, 단순히 게으름 때문만은 아니라는 생각이 든다. 오히려 그 이상이랄까. 주저한다는 것은 무엇을 실천하지 못한 상태를 가리킨다. 그러나 그 주저함 속에는 실천하지 못한 시간만큼의 무언가가 쌓여 있다. 그것은 무거운 책임감일 수도 있고, 나태함일 수도 있으며, 혹은 아직 실현되지 않은 가능성일 수도 있다. 나는 종종 '주저한다는 것은 나쁜 것일까?'라는 질문을 스스로에게 던진다. 어쩌면 누군가는 주저함을 실패로, 혹은 나약함으로 치부할지도 모른다. 그러나 나는 주저함이 단순히 부정적인 감정으로만 규

정되어서는 안 된다고 생각한다. 주저함은 시작되지 않은 가능성을 품고 있으며, 그 자체로 하나의 설렘이 될 수 있다.

생각해 보면, 주저함이란 곧 "아직 시작되지 않은 무언가"를 뜻한다. 시작되지 않은 무언가는 설렘의 씨앗이다. 내가 침대에 누워 운동을 시작하지 못하고 있는 동안에도, 내 마음 한구석에서는 여전히 그 가능성에 대한 기대감이 자라나고 있다. 운동을 통해 얻을 건강한 몸, 활기찬 하루, 그리고 성취감을 꿈꾸는 나 자신이 그 주저함 속에 존재한다.

주저한다는 것은 두려움과 설렘 사이 경계에 서 있는 일이다. 사랑하는 사람의 손을 잡을지 말지 망설이는 순간, 새로운 도전을 앞두고 발을 내디딜지 말지 고민하는 순간, 주저함은 우리에게 많은 것을 알려 준다. 그것은 아직 실현되지 않은 가능성, 그리고 그 가능성이 주는 긴장감과 희망을 품고 있다. 주저함은 마치 문 앞에 서 있는 여행자와 같다. 여행자는 문을 열고 나설지 말지 고민한다. 문 너머에는 수많은 가능성이 기다리고 있지만, 그 문을 여는 순간 안전하고 익숙한 공간은 사라진다. 그러나 문을 열고 나서야만 그는 새로운 풍경을 만날 수 있다.

운동을 주저하는 나 자신도 마찬가지다. 나는 매일 운동이라는 문 앞에서 머뭇거린다. 그러나 그 문 안에는 내가 선택하지 못한 수많은 가능성이 있다. 주저함이란 문을 열기 직전의 긴장감이며, 문 너머에 무엇이 있을지 모르는 설렘이다. 하이데거는 인간을 '시간 속에 사는 존재'로 정의했다. 인간은 현재와 미래를 바라보며 끊임없이 선택하고, 그 선택으로 삶을 만들어 간다. 주저함은 그런 선택의 과정에서 필연적으로 나타나는 감정이다. 우리는 어떤 선택을 하기 전에, 그 선택의 결과에 대한 상상 속에서 머뭇거리며 주저한다. 하지만 단지 행동하지 않는 상태로만 남은 주저함은 우리의 삶을 멈추게 한다. 주저함이 진정 의미 있는 순간이 되려면, 그것을 기다림과 설렘으로 승화시켜야 한다. 운동을 주저하는 동안에도, 그 주저함 속에는 여전히 '움직임'에 대한 갈망이 남아 있다. 그 갈망을 잊지 않는 한, 주저함은 내게 성찰과 도전의 기회를 제공한다.

운동을 주저하는 나 자신을 무조건 나쁘게만 보지 않으려 한다. 주저함이 있다는 것은 곧 내가 아직 도전하지 않은 영역이 있다는 뜻이다. 이미 모든 것을 도전하고, 모든 것을 시도한 뒤에는 더 이상 설렘이나 기대가 남아 있지 않을 것이다. 운동이라는 미뤄 둔 과제가 내 삶에 남아 있다는 것은, 내가 여전히 도전할 가능성을 품고 있다는 증거다. 어떤 일을 미루고 주저하는 것처럼 보이더라도, 결국 언젠가 그것을 시작하게 되는 순간이 온다. 나는 지금 운동을 주저하고 있지만, 다른 도전들을 하나씩 해결하다 보면 자연스럽게 운동이라는 과제도 해결할 날이 올 것이다.

주저함을 부정적으로만 바라볼 필요는 없다. 사랑하는 사람 앞에서 손을 잡을지 말지 고민하는 순간, 그 주저함은 곧 설렘과 연결된다. 어떤 일을 시작하지 못한 상태는 불완전할지 모르지만, 그 불완전함 속에는 기대와 희망이 숨 쉬고 있다. 나는 운동을 주저하는 시간을 단순히 미루는 시간으로만 여기지 않는다. 그 시간은 내가 아직 시작하지 않은 도전에 대해 생각하고, 그 도전의 가치를 되새기는 시간이다. 주저함 속에서 내가 진정 원하는 것이 무엇인지, 그리고 그것을 어떻게 실현할 것인지 고민한다. 결국 주저함은 도전으로 이어져야 의미를 가진다. 문 앞에 서 있던 여행자는 결국 문을 열고 새로운 세계로 나아가야 한다. 운동을 주저했던 나도, 언젠가 그 주저함을 행동으로 바꾸며 한 발짝 앞으로 나아가야 한다. 그러나 중요한 것은, 주저했던 순간들에서 스스로를 돌아보고, 새로운 도전의 의미를 발견했다는 점이다.

 주저함 속에서 나는 설렘과 가능성을 보았고, 그것이 나를 앞으로 나아가게 하는 힘이 되었다. 오늘도 나는 운동이라는 문 앞에서 주저하고 있다. 그러나 그 문 너머에는 내가 아직 보지 못한 풍경이 기다리고 있다. 나는 주저함을 단순히 나약함으로 보지 않는다. 그것은 내가 여전히 도전할 무언가를 가지고 있다는 증거다. 언젠가 내가 그 문을 열고 나아갈 때, 나는 새로운 힘과 기쁨을 얻게 될 것이다. 그리고 그날이 오기까지, 나는 주저함 속에서 스스로를 돌아보며 설렘을 키워 갈 것이다. 주저함은 실패가 아니라 가능성이다. 그것은 아직 시작되지 않은 설렘이며, 앞으로 나아갈 동력을 품고 있다. 나는 오늘도 그 설렘을 품고, 내가 열어야 할 문 앞에 서 있다.

> 마음익히기

미루고 있는 일이 있다면,
망설이는 이유는 무엇인가요?

5일의 축제

매달 5일이 되면, 특별한 하루를 보낸다. 아침부터 저녁까지, 여느 날과 똑같은 일상을 보낼지라도 이날만큼은 다르다. 저녁이 되면 퇴근 후 집으로 돌아와 내가 가장 좋아하는 음식과 간식을 준비하고, 보고 싶었던 영화를 보며 하루를 마무리한다. 간단한 의식 같지만, 이 시간은 나에게 큰 의미를 지닌다. 5일은 내가 학원의 수입을 정산하고, 그 한 달 동안의 성과가 나의 통장에 입금되는 날이다. 다른 이들에게는 그냥 정산일, 급여일, 혹은 그저 지나가는 평범한 날일지도 모른다. 하지만 나에게 이 날은 나의 한 달을 돌아보며 축하하는 날이다. 그래서 날을 단순히 당연한 날로 넘기지 않고, 기념일로 삼아 특별하게 보낸다. 그 이유는 단 하나다. 내 삶의 순간들을 의미 있게 만들고 싶기 때문이다.

우리는 흔히 생일이나 결혼기념일처럼 뚜렷한 이유가 있는 날에만 축하를 한다. 그러나 나는 축하의 의미를 조금 더 넓게 보고 싶다. 축하란 단순히 특별한 사건을 기념하는 것이 아니라, 그 사건을 만들어 온 나 자신을 위로하고 격려하는 일이라고 생각한다. 매달 5일은 내가 지난 한 달 동안 노력했던 모든 것을 스스로 축하하는 날이다. 때로는 피곤하고 어려웠던 순간도 있었고, 마음처럼 일이 풀리지 않아 답답했던 날도 있었다. 하지만 그 모든 시간 속에서도 나는 멈추지 않고 하루하루를 보냈다. 그런 나를 위로하며, "잘했다"는 말을 건네는 것이 바로 이날의 본질이다.

사람들은 종종 '기념일'이라는 단어를 들으면, 인생에서 큰 사건을 떠올린다. 그러나 꼭 거창한 사건이나 특별한 일이 아니더라도, 내 일상 속에서 충분히 기념할 만한 순간들을 찾아낼 수 있다고 믿는다. 매달 5일을 나는 단지 돈을 정산하는 날로 여기며 넘기지 않는다. 그날은 내가 한 달 동안 얼마나 노력했는지 돌아보고, 앞으로의 방향을 생각해 보는 시간이다. 그리고 그 시간을 조금 더 특별하게 보내기 위해 작은 축제를 만든다. 집에서 좋아하는 음식을 먹고, 영화 한 편을 보며 스스로를 축하하는 의식을 반복한다. 작은 일상 속에서도 특별함을 발견하려는 이 시간이 내게 주는 위로와 활력은 크다.

　내 삶에는 또 하나의 기념일이 있다. 바로 독서기념일이다. 대학 시절, 영문학을 전공하던 나는 책과 늘 가까이 있었다. 그러나 졸업 후, 현실적인 삶에 뛰어들며 독서를 점점 멀리하게 되었다. 학원 운영과 수업 준비로 바쁜 나날을 보내며 책을 읽는 일은 점점 사치처럼 느껴졌다. 그러던 어느 날, 퇴근 후 문득 책꽂이에 꽂혀 있던 소설 한 권이 눈에 들어왔다. "오랜만에 몇 페이지라도 읽어 볼까?" 가벼운 마음으로 책을 펼쳤다. 그런데 뜻밖에도 그 몇 페이지는 나를 깊은 쉼의 순간으로 이끌었다. 머릿속을 어지럽히던 복잡한 생각들이 정리되고, 책 속의 문장들이 나를 다른 세계로 데려갔다. 그날 이후, 나는 다시 독서를 시작하기로 했다. 단순히 책을 읽는 시간을 내는 것에 그치지 않고, 그 시간을 기념일로 만들었다. 책 한 권을 완독할 때마다, 나 자신에게 작은 선물을 했다. 내가 평소에 사고 싶었던 물건 하나를 구매하며, 나의 성취를 축하했다. 그렇게 독서는 다시 내 삶의 중요한 일부가 되었다고 느낀다.

　매달 5일이든, 한 권의 책을 완독한 날이든, 나만의 기념일은 단순히 하루를 특별하게 보내는 것 이상의 의미를 지닌다. 그것은 내가 나 자신에게 보내는 감사의 표현이며, 삶의 의미를 찾아가는 여정의 일부다. 우리는 종종 삶을 커다란 목표와 사건으로만 채우려고 한다. 하지만 그런 목표와 사건은 그리 자주 찾아오지 않는다. 오히려 삶의 대부분은 작고 평범한 순간들로 이루어진다. 그렇기에 나는 그 평범한 순간들 속에서도 특별함을 찾아내고, 축하할 이유를 만들어 가고 싶다.

그렇게 나는 나의 한 달을 돌아보며, 내가 걸어온 길을 돌아본다. 그 길 위에 남은 발자국들은 때로는 또렷하고, 때로는 희미하지만, 모두 나의 시간들로 가득 차 있다. 그 발자국들을 기념하며, 다음 발걸음을 내디딜 준비를 한다. 독서기념일도 마찬가지다. 책 한 권을 읽어 내는 동안 나는 새로운 세계를 만나고, 새로운 생각을 배우며, 또 다른 나를 발견한다. 그리고 그 경험을 축하하며, 삶의 또 하나의 페이지를 채운다. 그렇게 앞으로도 나만의 기념일을 만들어 갈 것이다. 매달 5일과 독서기념일뿐 아니라, 일상의 작은 순간들에도 의미를 부여하며 그 순간들을 기념할 것이다. 내가 스스로의 노력을 축하할 때, 삶은 더 풍요롭고 의미 있는 것이 된다. 기념일은 단지 특별한 날을 축하하는 것이 아니다. 그것은 내가 나의 삶을 사랑하고, 스스로를 격려하는 방식이다. 나는 오늘도 나만의 기념일을 축하하며, 내가 걸어온 길과 앞으로 걸어갈 길을 함께 바라본다.

마음을 여는 열쇠

내 인생에서 가장 큰 깨달음을 꼽으라면, 나는 주저 없이 '인사말'이라고 대답할 것이다. 우리가 매일 건네는 인사말은 짧고 흔하다. 새로운 사람을 만나든, 익숙한 사람과 인사를 나누든 대개는 "안녕하세요?"라는 말로 시작된다. 물론 "안녕하세요?"라는 말 자체는 따뜻한 의미를 담고 있다. "지금까지 잘 지내셨나요?"라는 안부를 묻는 이 짧은 인사는 상대에게 관심과 존중을 전한다. 하지만 너무나 익숙한 나머지, 때로는 그 의도가 퇴색되어 버린다. "안녕하세요?"라는 인사를 받으면 대개 "네, 안녕하세요"라고 답한 뒤 대화가 끝난다. 우리는 서로에게 건넨 이 짧은 말에 더 이상의 의미를 담지 않는다.

어느 날 문득 나는 이 평범한 인사말이 더 많은 가능성을 품고 있다는 생각이 들었다. 단순한 인사에서 끝나지 않고, 조금 더 구체적인 말로 대화를 열어 갈 수 있다면 어떨까? 나는 그 가능성을 탐구하기 시작했다. 인사말에 변화를 주기 시작한 것은 작은 실험이었다. "안녕하세요?" 대신, 조금 더 구체적이고 살아 있는 인사말을 건넸다. "오늘은 어떤 하루였어요?", "아침은 드셨어요?", 혹은 "그 셔츠가 정말 잘 어울리네요!" 같은 말들로 대화를 시작했다. 이 작은 변화는 내가 예상했던 것보다 훨씬 큰 반응을 불러일으켰다. 상대방은 나의 말을 듣고 미소를 지으며 더 많은 이야기를 꺼내기 시작했다. 짧게 끝날 대화가 길어졌고, 단순한 안부 인사가 깊은 대화의 물꼬를 트는 계기가 되었다. 특히 아이들과의 대화에서 그 효과를 실감했다. 등원하는 학생에게 "오늘 학교 어땠어?", "어? 너 오늘 새로 산 가방 들었네! 정말 예쁘다!"라고 말하면 아이들은 반짝이는 눈으로 나를 바라보며 그날의 이야기를 들려

주곤 했다. 작은 말 한마디가 아이들과의 관계를 이어 주는 다리가 되어 주었다.

　인사말은 단지 의례적인 말이 아니다. 그것은 사람과 사람 사이의 관계를 시작하고 이어 가는 중요한 고리다. 짧은 말 한마디에도 상대방을 향한 관심과 배려가 담길 수 있다. 예를 들어, 아침에 "오늘 기분은 어때요?"라고 물으면, 상대는 자신의 상태를 나눌 기회를 얻는다. 그들의 대답은 단순히 "괜찮아요"로 끝날 수도 있지만, 그 순간에는 내가 그들에게 관심을 기울이고 있다는 사실이 전달된다. 말 속에 담긴 마음은 대화를 넘어 상대의 하루에 작은 온기를 더할 수 있다. 나는 이 깨달음 이후로 말의 무게를 더욱 신중히 생각하기 시작했다. 짧은 말 한마디가 하루를 바꿀 수 있다면, 왜 더 진심 어린 말을 하지 못하겠는가?

　학원에서 아이들을 가르치면서, 나는 인사말이 단순히 대화의 시작이 아니라 관계의 기초가 된다는 것을 알게 되었다. 아이들이 학원에 들어설 때 나는 단순히 "안녕!"이라는 말로 인사하지 않는다. 대신, "어제 얘기했던 프로젝트는 잘 끝냈어?", "오늘 학교에서 재미있는 일은 없었어?"처럼 아이들의 관심사나 상태를 중심으로 대화를 시작한다. 이런 대화는 아이들에게 내가 그들을 진지하게 생각하고 있다는 메시지를 전달한다. 한 아이는 "선생님은 제가 뭘 좋아하는지 항상 기억해 주셔서 좋아요"라고 말한 적이 있다. 이 작은 인사말이 아이들에게 줄 수 있는 신뢰와 애정의 크기를 실감했다.

　인사말은 말 그대로 다리와 같다. 다리는 서로 떨어져 있는 두 지점을 연결하는 구조물이다. 인사말도 마찬가지다. 처음에는 서로 낯설고 어색했던 사람들 사이에 다리를 놓아 준다. 그 다리를 통해 우리는 서로의 마음으로 한 걸음 더 다가갈 수 있다. 그러나 모든 다리가 아름답고 튼튼할 필요는 없다. 중요한 것은 다리가 있다는 사실 자체다. 내가 먼저 상대에게 다가가 인사말을 건네고, 그 인사말이 다리 역할을 해 준다면, 우리는 더 자주 만나고 더 쉽게 이어질 수 있다.

한 번은 학원에 등원한 학생에게 "오늘 날씨가 춥지 않았어? 많이 힘들었겠다"라고 말한 적이 있다. 그 학생은 "맞아요, 너무 추웠어요. 근데 제가 제일 좋아하는 패딩 입고 와서 괜찮았어요!"라며 자신의 이야기를 들려주었다. 이 짧은 대화는 단지 날씨에 대한 이야기가 아니었다. 그것은 아이가 자신을 어떻게 돌보고 있는지를 나와 공유하는 순간이었다. 그날 이후로 그 학생은 더 자주 자신의 이야기를 나에게 들려주었다. "오늘 학교에서 이런 일이 있었어요", "저 이번 주말에 가족 여행 가요" 같은 이야기들이 끊이지 않았다. 단순한 인사말에서 시작된 관계가 아이와 나 사이의 신뢰로 이어진 것이다.

나는 이제 인사말을 단순한 예의나 형식적인 표현으로 보지 않는다. 그것은 내가 상대방과 연결될 수 있는 첫걸음이다. 말 한마디가 작은 시작점이 되어 더 큰 공감과 유대를 만들어 갈 수 있다는 사실은 내 삶에 깊은 영향을 주었다. 우리는 매일 새로운 사람들을 만나고, 익숙한 사람들과도 다시 만난다. 그 만남의 시작이 되는 인사말을 조금만 더 신경 써서 건넨다면, 우리의 일상은 훨씬 더 풍요로워질 것이다.

오늘도 나는 사람들에게 인사말을 건네며 하루를 보냈다. 조금 더 따뜻하고 구체적인 말들을 선택하려고 노력했다. "오늘 하루는 어땠어요?", "그 미소가 참 보기 좋아요" 같은 말들이 상대방의 얼굴에 미소를 띠게 했다. 내일도 나는 새로운 다리를 놓을 것이다. 짧은 말 한마디에 진심을 담아, 사람들의 마음으로 다가갈 것이다. 그리고 그 작은 다리들이 내 삶과 다른 사람들의 삶을 더욱 아름답게 이어 줄 것임을 믿는다.

> 마음익히기

말 한마디가
하루를 바꾼 적이 있었나요?

행복의 값

내가 행복을 느끼는 순간은 참 단순하다. 커피 한 잔을 마시러 카페로 향하는 그 길 위에서, 나는 내 삶의 작은 기쁨을 발견한다. 20대의 나는 카페를 자주 찾았다. 커피의 향과 맛도 좋았지만, 그보다 더 큰 이유는 카페라는 공간이 주는 새로움과 여유였다. 커피 한 잔을 마시는 동안 나는 복잡했던 하루를 잠시 내려놓을 수 있었고, 카페의 잔잔한 음악과 사람들의 이야기 소리에 내 마음도 차분해지곤 했다. 친구들은 그런 나를 늘 의아해했다. "왜 집에서도 마실 수 있는 커피를 굳이 카페에서 마셔? 돈도 아깝잖아." 집에는 맛있는 에스프레소를 추출할 수 있는 커피머신이 있었으니, 그들의 질문은 당연했다. 그러나 나에게 카페는 단순히 커피를 마시는 곳 이상의 의미를 가지고 있었다.

나는 커피를 마시러 카페에 가는 행위를 단순히 음료를 소비하는 것으로 보지 않는다. 그것은 행복을 찾는 작은 여정이다. 카페로 향하는 길 자체로도 의미가 있다. 집에서 벗어나 산책하듯 걸어가는 동안, 거리의 풍경을 보고, 계절의 변화를 느끼며, 머릿속을 채웠던 고민들을 잠시나마 내려놓는다. 발걸음을 옮기며 느끼는 이 여유로운 순간이 벌써 내게 행복을 가져다준다. 카페에 도착하면, 메뉴판 앞에서 어떤 커피를 마실지 고민한다. 그 짧은 선택의 순간에도 작은 설렘이 스며 있다. 어떤 선택을 하든, 그 선택은 나만의 것이고, 그것이 가져올 작은 즐거움은 오롯이 나의 몫이다. 창가 자리에 앉아 커피를 한 모금 마시는 순간, 나는 세상에서 가장 간단하면서도 충만한 기쁨을 느낀다. 커피의 따뜻한 온기와 고소한 향이 온몸에 스며들 때, 내 삶이 얼마나 소중한지를 깨닫는다.

친구들에게 종종 이렇게 말했다. "카페에서 행복을 구매하는 거야." 이 말을 들은 친구들은 웃으며 고개를 갸웃했다. 행복을 구매한다는 개념이 낯설었던 것이다. 그러나 진심이었다. 행복은 종종 우리가 만들어 가는 선택의 결과물이다. 행복은 마치 작은 씨앗과 같아서, 우리가 그 씨앗을 어디에 심고 어떻게 가꾸느냐에 따라 다른 형태로 피어난다. 커피 한 잔에 기꺼이 돈을 지불하는 이유는, 그 돈이 단순히 음료의 값어치를 넘어서 나만의 특별한 경험을 만들어 주기 때문이다.

카페에서 마시는 커피 한 잔은 나에게 단순한 음료 이상의 가치를 지닌다. 그 안에는 자유와 사색이라는 중요한 요소가 담겨 있다. 창가에 앉아 커피를 마시며 창밖을 바라본다. 지나가는 사람들의 모습, 바람에 흔들리는 나뭇잎, 도로 위를 달리는 자동차의 소리가 나를 둘러싼 풍경을 만든다. 나는 그 풍경의 일부가 되면서도, 동시에 나만의 생각에 잠길 수 있다. 이 사색의 시간은 내게 삶을 돌아보는 계기를 준다. 내 일상이 어떻게 흘러가고 있는지, 나는 지금 어디쯤 서 있는지를 곱씹으며 나는 커피 한 잔의 온기 속에서 스스로를 새롭게 발견한다. 우리는 흔히 "돈으로 행복을 살 수 없다"는 말을 듣는다. 이 말에는 진실이 담겨 있다. 그러나 나는 거기에 이렇게 덧붙이고 싶다. 돈으로 행복을 살 수 없다는 것은, 돈으로 행복을 만드는 방식이 사람마다 다르기 때문이라는 것이다.

어떤 사람에게 5,000원짜리 커피는 그저 음료수일지 몰라도, 나에게 그것은 10배 이상의 가치가 있다. 나에게 커피 한 잔은 하루의 긴장과 피로를 녹이는 시간이며, 스스로를 돌보는 작은 휴식이다. 행복은 그것이 무엇이든, 우리가 그것을 어떻게 받아들이고 느끼느냐에 따라 값어치가 달라진다. 행복은 항상 움직임 속에서 찾아온다. 가만히 누워 있는 상태에서는 행복이 찾아오지 않는다. 내가 카페에 가는 이유는 단지 커피를 마시기 위해서가 아니라, 나 자신을 위해 무언가를 행동하고 선택하는 과정이 행복을 만들어 주기 때문이다.

  산책을 하고, 메뉴를 고르고, 창가에 앉아 커피를 마시는 작은 행동들이 모여 나의 행복을 완성한다. 이 모든 과정은 내가 능동적으로 나를 위해 만들어 가는 경험이기에 더 큰 만족을 준다. 카페에서 커피 한 잔을 마시는 것은 나만의 작은 의식이다. 그 안에는 내 삶의 철학이 담겨 있다. 행복은 거창하거나 멀리 있는 것이 아니라, 지금 이 순간 내가 선택하고 만들어 가는 것이다. 그렇게 커피 한 잔을 통해 내 삶의 소중함을 배우고, 작은 순간에 감사하며 살아가는 법을 배운다. 그저 맛있는 커피를 마시는 일이 아니라, 나만의 시간을 느끼고 삶을 돌아보는 기회로 만드는 것이 커피 한 잔의 진정한 값어치다.

  오늘도 나는 카페로 향하는 길 위에 있다. 이 길 위에서 나 자신을 위한 작은 여유와 즐거움을 만난다. 커피 한 잔을 마시는 그 짧은 시간 동안, 삶이 얼마나 아름다운지, 그리고 내가 얼마나 감사한지 느낄 수 있다. 커피 한 잔으로 누리는 작은 행복은 내 삶을 더욱 풍요롭게 한다. 그리고 그 행복은 내가 더 나은 사람이 되도록 해 준다. 나는 오늘도 이 작은 순간들을 통해 내 삶을 다시금 채우고 있다.

나다움

011

'나다움'이라는 질문을 받았을 때, 고민할 시간이 길지 않았다. 나는 나를 가장 잘 설명할 단어를 떠올렸다. 그 단어는 바로 Versatile이었다. 이 단어는 다재다능함을 뜻하지만, 단순히 많은 재능을 가진 사람이라는 의미에 그치지 않는다. 나에게 이 단어는 끊임없이 배우고 도전하며 나 자신을 새롭게 만들어 가는 과정을 나타낸다. 나는 다양한 역할과 자아를 가지고 있다. 학원에서는 원장으로서의 자아로 책임을 다하고, 강의실에서는 영어 선생님으로서 학생들과 소통한다. 집에서는 아들로서의 자아로 가족과 함께 시간을 보내며, 사회에서는 청년으로서 새로운 가능성을 모색한다. 이 모든 자아는 각각 다른 모습과 역할을 가지고 있지만, 그 밑바탕에는 도전하고 배우며 성장하려는 나만의 본질이 존재한다.

나다움이라는 단어를 설명하기 위해 내 어린 시절을 떠올려본다. 나는 어릴 적부터 새롭게 배우고 도전하는 것을 좋아했다. 무엇이든 잘하고 싶다는 욕망으로 가득했던 시절이었다. 컴퓨터를 다루는 일이 처음 흥미로워졌을 때, 나는 주저하지 않고 길가에 버려진 컴퓨터를 주워와 부품을 분해했다. 인터넷에서 하나하나 정보를 찾아보며 조립을 시도했고, 실패를 반복하며 그 과정을 이해해 갔다. 전원을 켰을 때 아무런 반응이 없던 적도 있었지만, 그 실패가 나를 더 깊은 배움으로 이끌었다. 결국, 나는 학원이나 집에서 고장 난 컴퓨터를 직접 수리할 정도로 익숙해졌다. 또한, 글을 잘 쓰고 싶다는 마음에 백일장에 도전했던 기억이 있다. 다른 사람들의 글을 읽으며 영감을 얻고, 필사를 하며 시와 산문을 연습했다. 여러 번의 도전 끝에 지역 대회에서 상을 받았을 때, 도전을 통해 무엇을 이룰 수 있는지를 깨달았다. 이처럼 나의 다재다능함은 타고난 재능에서 비롯된 것이 아니다. 그것은 끊임없는 도전과 배움의 결과물이다.

나다움을 이루는 데 가장 중요한 요소는 도전 정신이다. 나는 새로운 것을 시도하는 과정을 통해 배움의 즐거움을 느끼고, 실패에서 교훈을 얻으며 나아간다. 내게 실패란 단지 과정의 일부일 뿐이다. 컴퓨터를 조립하다 부품을 잘못 끼워 작동이 되지 않았던 날, 글을 써도 원하는 대로 평가받지 못했던 경험은 모두 나를 성장시키는 발판이 되었다. 실패는 나를 포기하게 만드는 요소가 아니라, 나를 더 단단하게 하는 재료였다. 나다움을 이룬다는 것은 완벽함을 추구하는 게 아니라, 성장과 학습의 과정을 통해 끊임없이 나를 확장해 가는 일이다. 나다움은 내가 가진 다양한 자아 속에서 환히 빛난다. 학원을 운영하는 원장으로서 나는 조직과 사람을 관리하는 능력을 발휘해야 한다. 강의실에서는 영어 선생님으로서 창의성과 소통 능력을 바탕으로 학생들과 교감한다. 집에서는 아들로서 가족과의 관계를 소중히 여긴다. 사회에서는 청년으로서 새로운 도전과 기회를 탐구한다. 이 다양한 자아들은 각각 다른 역할과 요구를 가지지만, 그 밑바탕에는 도전과 배움의 태도가 깔려 있다. 나는 한 가지 모습에 머물지 않고, 여러 자아를 통해 끊임없이 나를 재발견하며 성장하고 있다.

나다움은 고정된 정체성이 아니다. 끊임없이 변화하고 확장되는 나의 모습이다. 나는 새로운 도전과 경험을 통해 나다움을 계속해서 확장해 가고 있다. 학원을 운영하며 다양한 문제를 해결하는 과정에서 나는 단순히 영어를 가르치는 사람에서, 조직과 사람을 관리하는 능력을 가진 사람으로 성장했다. 학생들과 소통하며 그들의 이야기를 듣는 과정에서 나는 더 나은 선생님이 되기 위해 노력했다. 학생 개개인의 이야기를 들으며 그들의 꿈과 고민에 귀 기울이는 시간은 내게도 새로운 배움의 기회였다. 이 모든 경험은 나다움을 더욱 풍부하게 하며, 나를 더 큰 가능성으로 이끌어 준다.

내가 생각하는 나다움은 단순히 현재의 나를 설명하는 데 그치지 않는다. 그것은 내가 앞으로 어떤 모습으로 성장할 것인가를 보여 주는 길이기도 하다. 나다움이란 나 자신의 가능성을 탐구하고, 그것을 현실로 만들어 가는 일이다. 새로운 일을 시작할 때마다 느끼는 두려움조차도 나다움을 만들어 가는 과정의 일부라고 생각한다. 나는 오늘도 도전을 통해 나를 확장하며, 더 나은 나를 만들어 가고 있다. 나다움은 나의 선택과 행동 속에서 완성되어 간다. 나다움은 내가 걸어온 길과 앞으로 걸어갈 길을 모두 담고 있는 단어다. 나는 앞으로도 다양한 자아를 통해 더 많은 경험과 도전을 이어 갈 것이다. 나다움은 단순히 하나의 특성이 아니라, 내가 세상과 마주하고, 배우며 성장하는 방식이다. 나의 다재다능함은 내가 살아가는 방식을 설명하며, 나의 미래를 밝히는 원동력이 된다. 오늘도 나는 나다움을 유지하며, 새로운 도전을 통해 더 나은 나를 향해 나아간다. 나다움은 결국 내가 이루어 온 모든 것과 앞으로 이루어 갈 가능성을 담고 있는 나만의 정체성이다.

탄젠트

012

내가 지향하는 인생을 한마디로 표현하자면, 그것은 탄젠트라는 단어로 설명할 수 있을 것이다. 탄젠트 그래프는 수학의 한 부분이지만, 나에게는 삶의 방향성을 가장 잘 나타내는 상징이다.

탄젠트 그래프를 떠올려 보자. 각도를 나이로, 탄젠트 값을 성장으로 가정한다면, 0도에서는 성장도 0이다. 그러나 각도가 커질수록 성장의 속도는 점점 가파르게 증가한다. 내가 지향하는 삶도 이와 같다. 나이가 들어 갈수록 나의 성장은 단순히 나이를 따라가거나 멈추는 것이 아니라, 그 이상의 속도로 커지기를 바란다. 이 그래프에서 가장 흥미로운 점은 각도가 90도에 가까워질수록 값이 무한대로 치솟는다는 것이다. 그러나 그 값은 결코 90도에 도달하지 않는다. 90도는 점근선, 닿을 수 없는 경계다. 내 삶도 이와 닮아 있다. 나는 완벽을 향해 달리지만, 그 완벽에 도달하지 못한 채 끝없는 도전을 이어 가는 삶을 꿈꾼다.

탄젠트 그래프는 단순한 수학적 개념이 아니라, 내 삶을 대하는 태도를 대변한다. 나는 완벽에 가까워지기 위해 끊임없이 노력하지만, 완벽에 도달하는 것을 목표로 삼지 않는다. 점근선에 가까워지는 과정은 더 나은 나를 만들어 가는 여정이다. 탄젠트 값이 무한대로 향하듯, 나 또한 매일 성장하고자 한다. 그러나 점근선처럼 완벽은 나에게 도달할 수 없는 이상향으로 남아 있다. 이 미완성의 상태는 나를 움직이는 가장 큰 원동력이다.

나는 어느 한 분야에서만 정점을 찍고 싶지 않다. 삶의 모든 영역에서 완벽에 가까워지기를 원한다. 전문 강사로서, 나는 지식과 통찰을 전달하는 데 그치지 않고, 학생들이 스스로의 가능성을 발견하도록 돕고자 한다. 내가 가르치는 과목을 넘어, 삶의 방향성을 제시하고 그들의 성장에 기여하는 선생님이 되고 싶다. 청년으로서 나는 사회와 끊임없이 소통하며, 나 자신이 세상에 기여할 수 있는 방법을 찾고자 한다. 내가 가진 능력과 열정을 활용해, 더 나은 미래를 만들어 가고 싶다. 나는 이런 각 분야에서 조금씩 더 나아지기 위해 노력하며, 각 분야에서의 도전이 서로 시너지를 이루도록 내 삶을 설계해 간다.

나는 완벽을 향한 열망 속에서도, 완벽에 도달하지 못하는 2% 부족한 상태를 긍정적으로 받아들인다. 손에 닿지 않는 나무 위의 사과를 따기 위해 계속 손을 뻗는 것처럼, 나는 닿을 수 없는 목표를 향해 노력할 때 가장 큰 에너지를 얻는다. 완벽함에 도달한 상태는 오히려 멈춤과 같을 것이다. 반면, 완벽에 가까워지기 위한 과정은 나를 계속해서 움직이게 하고, 더 나은 방향으로 나아가도록 한다. 나는 매일 조금씩 나아지기를 원한다. 어제의 나보다 나은 오늘, 오늘의 나보다 나은 내일. 그 작은 변화들이 모여 결국 내가 원하는 삶을 이루게 될 것이다. 철학자들은 진리를 탐구하며, 그 진리에 가까워지기 위해 평생을 바친다. 그러나 진리는 완벽과 마찬가지로 도달할 수 없는 상태다. 진리에 가까워질수록 더 깊은 질문이 생기고, 더 나은 이론이 등장할 뿐이다. 나의 삶도 마찬가지다. 나는 매일 조금씩 더 나아진 모습을 꿈꾸며, 완벽에 가까워지기 위해 노력한다. 그러나 완벽은 내게 닿을 수 없는 점근선이다. 중요한 것은 그 점근선을 향해 달려가는 과정에서 얻는 경험과 성장이다.

탄젠트 그래프는 나에게 큰 영감을 준다. 닿을 수 없는 점근선을 향해 끊임없이 뻗어 가는 곡선은 내 삶의 모습과 닮아 있다. 나는 완벽을 목표로 삼지만, 그 목표를 이루는 과정에서 더 큰 의미를 발견한다. 눈높이에 있는 사과가 아닌, 손에 닿지 않는 사과를 따기 위해 도전할 때, 나는 내 삶의 진정한 원동력을 느낀다. 완벽을 향한 끝없는 도전 속에서 나는 매일 조금씩 더 나아지는 자신을 발견한다. 나는 완벽을 향한 여정을 살아가고 있다. 완벽에 도달하지 못하는 상태를 두려워하지 않는다. 오히려 그 도전 속에서 나를 더 깊이 이해하고, 내 가능성을 발견한다.

  탄젠트 그래프처럼, 나는 무한대로 향하는 삶을 꿈꾼다. 내 삶은 정해진 답이 없는 미완성의 상태로 남겠지만, 그 과정 자체가 나에게 가장 큰 의미를 준다. 오늘도 나는 나만의 접근선을 향해 손을 뻗으며 한 걸음 더 나아간다.

깍쟁이

013

어릴 적부터 지금까지, 나에게 붙은 별명들은 단순한 호칭 이상의 의미였다. 그것은 타인이 나를 바라보는 시선이었고, 때로는 내가 알지 못했던 내 모습을 비춰 주는 거울이었다. 별명은 내가 어떤 사람인지, 내가 어떤 행동을 하는 사람인지에 대한 이야기를 담고 있다. 어린 시절부터 나는 여러 별명으로 불렸다. "파마머리", "반장", 그리고 군대에서의 "서울 깍쟁이"까지. 각기 다른 별명 속에는 내가 겪은 환경, 사람들과의 관계, 그리고 나 자신을 대하는 태도가 고스란히 담겨 있었다.

초등학교 시절의 나를 떠올려 보면, 나는 외모에 대한 관심이 많았던 아이였다. 당시 유행하던 멋있는 연예인들의 스타일을 따라 하고 싶어 머리를 기르고 파마를 했다. 그 시절의 나는 단순히 흉내를 내는 것 이상으로, 나만의 개성을 찾고 싶었던 것 같다. 친구들은 나를 보고 "파마머리"라고 불렀다. 이 별명은 단순히 내 외모를 묘사한 것처럼 보이지만, 사실은 내가 얼마나 자신만의 색깔을 만들고 싶어 했는지를 보여 주는 것이다. 나는 그 별명을 들을 때마다 묘한 자부심을 느꼈다. 내 모습이 남들과는 다르다는 것을 인정받는 기분이었다. 그 별명은 나에게 "남들과 다름"에 대한 긍정적인 감정을 심어 주었다. 파마머리를 했던 그 시절의 나는 단순히 외모를 가꾸는 아이가 아니라, <u>스스로를 표현하는 방법을 찾아가는 어린 예술가였다</u>.

중학교와 고등학교를 거치면서 나는 매년 반장을 도맡아 했다. 자연스럽게 친구들은 나를 "반장"이라고 불렀다. 이 별명은 단순히 역할을 지칭하는 것이 아니라, 친구들과 선생님들이 나를 어떻게 인식했는지를 보여 준다. 반장이라는 별명은 나에게 책임감을 상징했다. 나는 반장이 된 순간부터 친구들의 목소리를 대변하고, 선생님과 친구들 사이의 다리를 놓는 역할을 맡았다. 때로는 내 의사와 상관없이 리더로서의 역할이 부담스러울 때도 있었지만, 그 별명은 나에게 항상 더 나은 사람이 되어야 한다는 동기를 주었다. 반장으로 불릴 때마다 나는 나 스스로에게 묻곤 했다. "나는 정말 믿을 만한 사람인가?" 친구들이 내게 보여 준 신뢰와 기대는 내가 더 책임감 있는 행동을 하도록 이끌었다.

그러나 군대에서 얻은 별명은 나를 조금 다른 방식으로 돌아보게 했다. "서울 깍쟁이." 이 별명은 나를 당황스럽게 만들었지만, 결국에는 나의 또 다른 면을 발견하게 해 주었다 군 복무 중 나는 경북 영천에서 생활했다. 나와 함께했던 동기들은 대부분 경상도 출신이었다. 그들의 말투와 행동은 내게 낯설었고, 아마 내 행동도 그들에게는 낯설게 느껴졌을 것이다. 나는 평소처럼 피부 관리를 위해 화장품을 바르고, 침대와 관물대를 매일 정리하며, 항상 깔끔한 환경을 유지하려고 했다. 그러나 이런 행동들이 동기들에게는 낯설고 까다롭게 보였던 모양이다. 그래서 그들은 나를 "서울 깍쟁이"라고 불렀다.

처음에는 그 별명이 기분 나빴다. 마치 내가 까탈스럽고 예민한 사람으로 비춰지는 것 같았기 때문이다. 그러나 시간이 지나면서 나는 그 별명의 진짜 의미를 이해하게 되었다. 동기들이 나를 깍쟁이라고 부른 이유는 단순히 나를 놀리기 위해서가 아니었다. 그 별명은 세심하고 꼼꼼하게 행동하는 내 모습이 그들에게 인식되었기에 나타난 결과였다. 내가 평소에 당연하게 했던 행동이 그들에게 특별하고 흥미로운 점으로 다가갔던 것이다. 예를 들어, 매일 물티슈로 침대와 관물대를 닦는 행동은 동기들에게는 까다롭게 느껴졌을지 모르지만, 나에게 일종의 의식 같은 것이었다. 나는 작은 것이라도 내 기준에서 깔끔하게 유지하고 싶었다. 그들은 나를 보며 "내가 미처 신경 쓰지 못했던 것들을 이 친구는 챙기는구나"라고 생각했을 것이다. 깍쟁이라는 별명은 처음에는 부정적인 뉘앙스를 띠었지만, 나중에는 나의 디테일과 세심함을 칭찬하는 의미로 변해 갔다.

별명은 단순히 타인의 시선을 반영하는 것이 아니다. 그것은 나에게 내 정체성을 돌아보게 하는 도구였다. 초등학교 시절의 "파마머리"는 나의 개성과 표현 욕구를 보여 주었다. 학창 시절의 "반장"은 나의 책임감과 신뢰를 나타냈다. 그리고 군대에서의 "서울 깍쟁이"는 나의 꼼꼼함과 디테일을 상징했다. 이 별명들은 각각의 순간에서 나를 비추는 거울이었고, 내가 더 나은 사람이 되도록 해 주는 역할을 했다.

군대에서의 별명은 나에게 큰 깨달음을 주었다. 내가 가진 디테일과 꼼꼼함은 단순히 나만의 성격이 아니라, 내가 더 나은 사람이 되기 위한 도구였다. 지금은 학생들을 가르치는 선생님으로서, 나는 "깍쟁이 선생님"이 되고 싶다. 학생들에게 교육을 할 때, 나는 작은 디테일에도 신경을 쓰며 아이들이 이해할 때까지 반복적으로 설명한다. 나는 그들에게 단순히 지식을 전달하는 사람이 아니라, 그들의 성장 과정에 함께하는 사람이 되고 싶다. 깍쟁이처럼 디테일에 집착하더라도, 그 집착이 결국 아이들의 삶을 긍정적으로 변화시킬 수 있다면 기꺼이 그 별명을 받아들일 것이다.

나는 앞으로도 새로운 별명을 얻고 싶다. 그 별명들은 나의 또 다른 면을 발견하게 해 줄 것이며, 나를 성장시킬 것이다. 별명은 나를 규정하는 것이 아니라, 나의 정체성을 확장하는 것이다. 나는 나를 비추는 별명들 속에서 나의 강점과 약점을 돌아보며, 더 나은 사람이 되기 위해 노력할 것이다. 오늘도 나는 깍쟁이 선생님으로서, 학생들에게 디테일과 정성을 다하며, 내일의 또 다른 별명을 기대한다.

(마음익히기)

가장 오래 기억에 남아 있는
별명은 무엇인가요?

우물 안 개구리

금천구의 호암산성을 찾았던 날, 나는 단순히 역사의 흔적을 밟고자 했을 뿐이었다. 그러나 그곳에서 마주한 '한우물'은 나에게 예상치 못한 깨달음을 주었다. 신라가 삼국을 통일하기 위해 지었던 성, 그 산성 속 깊은 곳에 자리 잡은 이 우물은 평범한 우물과는 사뭇 달랐다. 물속에 비친 소나무의 그림자는 거울처럼 맑은 표면 위에 떠 있었고, 그 위로 작은 물결이 지나가면 마치 한 폭의 동양화를 보는 듯한 느낌을 주었다. 그 우물 앞에서 나는 가만히 서서 생각에 잠겼다. 문득 물결을 가르며 등장한 작은 개구리가 시야에 들어왔다. 얼룩덜룩한 가죽을 자랑하며 천천히 움직이는 그 개구리는 우물 속의 주인공처럼 보였다. 나는 무심코 말했다. "우물 안 개구리네." 그 말은 단순한 농담 이상의 여운을 남겼다. 개구리를 보고 나는 나를 돌아보게 되었고, 나 자신의 우물은 어디인지 생각하게 되었다.

우물 안의 개구리라는 속담은 우리에게 익숙하다. 좁은 시야로 세상을 바라보며 자신의 한계를 인지하지 못하는 사람을 일컫는 이 말은 때로는 비난처럼 느껴지기도 한다. 그러나 그 우물 안의 개구리를 바라보며, 나는 단순히 비난으로 그칠 수 없는 깊은 메시지를 느꼈다. 그 개구리의 세계는 오직 그 우물 속 물과 담벼락으로 이루어져 있다. 개구리는 하늘이 우물만큼의 크기라고 생각하며, 바다와 강의 광활함을 상상하지 못한다. 그러나 이 개구리의 한계는 단순히 물리적인 공간의 문제일까? 아니면 그것은 심리적, 철학적 의미에서 우리의 삶을 투영하고 있는 걸까? 그 개구리를 보며 문득 나 자신을 돌아보았다. 나는 정말 우물 밖을 바라보고 있는가? 아니면 나 역시 나만의 우물 속에 갇혀 있는 개구리일 뿐인가?

 개구리가 우물 밖으로 나가기 위해 필요한 것은 단지 높은 점프력이 아니다. 그것은 새로운 세계를 향한 의지와 용기이다. 우물 속 개구리는 자신의 세계에 만족할 수 있다. 그러나 그것이 진정한 삶일까? 〈죽은 시인의 사회〉에서 존 키팅 선생은 학생들에게 책상 위로 올라가 세상을 다른 시각으로 보라고 말했다. 우리 모두는 각자의 우물 속에서 살아가며, 자신만의 담을 넘어 새로운 시각을 얻으려는 노력이 필요하다. 개구리가 점프를 하기 위해 뒷다리의 힘을 길러야 하듯, 우리도 더 넓은 세상을 향한 지적, 심리적 근육을 단련해야 한다.

 그러나 여기에서 나는 또 다른 질문을 던져 본다. 나는 정말 개구리가 되었는가? 아니면 아직 헤엄치기만 하는 올챙이에 불과한가? 우리는 종종 '준비 중'이라는 이름으로 우리의 삶을 설명하곤 한다. "아직 준비가 안 됐어." "조금만 더 경험을 쌓으면……." 이런 말들이 우리를 우물 속 올챙이로 남게 한다. 올챙이에게 다리가 생긴다고 해서 바로 우물을 벗어날 수 있는 것은 아니다. 올챙이는 헤엄칠 수 있을 뿐, 아직 담을 넘는 개구리가 되기 위해 필요한 기술과 경험이 부족하다. 요즘 기업들은 다재다능한 인재를 원한다. 영어를 잘하고, 컴퓨터를 능숙하게 다루며, 발표까지 완벽하게 할 수 있는 사람을 찾는다. 이런 인재들은 겉보기에 매우 능력 있어 보인다. 그러나 그들이 정말로 우물 밖으로 나갈 준비가 되어 있을까? 아니면 단순히 다리가 여러 개 달린 올챙이에 불과할까?

 진정한 개구리가 되기 위해서는 한 분야에서 최소한의 깊이를 갖추는 것이 중요하다. 그 깊이가 바로 우물의 담을 넘어설 뒷다리가 되는 것이다. 우물과 관련된 두 속담은 서로 상충하는 것처럼 보인다. 하나는 '우물 안 개구리', 다른 하나는 '한 우물을 판다'이다. 하나는 좁은 시야를 경계하며, 다른 하나는 한 가지를 깊이 탐구하는 자세를 강조한다. 그러나 이 두 속담은 서로 모순되지 않는다. 우리는 이 두 속담 사이에서 균형을 찾아야 한다. 세상을 넓게 보는 시야를 가지되, 그 시야를 실현할 수 있는 깊이를 길러야 한다.

나는 이 두 속담의 교차점에서 내가 나아가야 할 방향을 찾는다. 우물을 벗어나기 위해 담을 넘어야 하지만, 그 담을 넘어 더 넓은 세계를 탐구하기 위해서는 한 우물을 깊게 파는 힘이 필요하다.

내가 우물 속에서 발견한 진리는 간단하다. 세상을 넓게 보기 위해서는 우물을 벗어나는 용기가 필요하지만, 진정한 성장은 한 분야에서 깊이를 쌓는 데서 비롯된다. 우리는 종종 여러 가지를 동시에 해내려는 욕심에 사로잡힌다. 그러나 모든 것을 얕게 경험하는 것은 결국 아무것도 제대로 이루지 못하는 결과로 이어질 수 있다. 마치 수박을 겉만 핥는 것처럼, 여러 분야를 얕게 경험하는 것만으로는 진정한 성장을 이루기 어렵다. 깊이 파인 우물은 물을 만들어 낸다. 물이 넘쳐흐를 때, 우리는 다른 우물로 나아갈 수 있는 힘을 얻는다. 그것이 진정한 성장이며, 나아가 우물을 벗어나는 도약으로 이어진다. 그날 호암산성에서 만난 한우물과 개구리는 나에게 많은 것을 가르쳐 주었다. 나는 내가 속한 우물이 어디인지, 그 우물을 벗어나기 위해 무엇을 해야 하는지 고민하게 되었다.

우물 밖으로 나가기 위해서는 기술이나 지식을 쌓는 것만으로는 충분하지 않다. 끊임없는 배움, 도전, 그리고 자기 성찰이 필요하다. 우물 안 개구리의 삶은 한계를 상징하지만, 동시에 도전의 가능성을 암시한다. 우리 모두는 우물 속 개구리가 될 수도 있고, 담을 넘어 더 큰 세상을 만날 수도 있다. 그 선택은 우리의 몫이다. 나는 앞으로도 나만의 우물을 찾아 깊이 파고들 것이다. 그러나 그 깊이가 다져질 때, 나는 우물 밖으로 나아가기 위한 발판을 마련할 것이다.

우물 안 개구리로 남느냐, 새로운 세계를 향해 도약하느냐는 어떤 태도로 내 삶을 바라보는지에 달려 있다. 나는 오늘도 나만의 우물 속에서 도전과 성찰을 이어 가며, 더 넓은 세상을 향해 도약할 날을 준비한다.

· 마음익히기 ·

도전과 회피 사이에서
머뭇거렸던 적이 있나요?

빛나는 순간

015

내가 가장 빛났던 순간들은 무엇일까? 곰곰이 생각해 보면 그것은 하나같이 힘든 과정을 지나 도달했던 성취의 자리였다. 초등학교, 중학교, 고등학교의 졸업식, 첫 취업, 그리고 내가 학원을 개원했던 날처럼 말이다. 하지만 빛나는 순간은 결코 나 혼자만의 힘으로 만들어진 것이 아니었다. 그 뒤에는 부모님의 묵묵한 응원과 사랑이 있었다. 나는 그저 그 순간들을 기쁘게 맞이했지만, 이제 와 돌이켜 보면 부모님의 존재가 빛나는 순간을 만들어 준 가장 큰 이유였다는 것을 깨닫는다.

빛나는 순간은 항상 노력과 도전의 어두운 터널을 지나야 비로소 찾아온다. 초등학교 졸업식의 기쁨 뒤에는 시험과 과제에 시달리던 날들이 있었고, 첫 취업의 환희 뒤에는 수많은 자소서를 쓰고 면접에서 고배를 마신 경험들이 있었다. 학원을 개원한 날의 성취감 뒤에도 불안과 초조함으로 잠 못 이루던 밤들이 있었다. 그 모든 빛나는 순간들 뒤편에는 어두운 그림자가 있었다. 그러나 그 어둠은 내가 빛을 마주할 수 있도록 만든 중요한 과정이었다. 그 시간을 견디게 해 준 것은 부모님이었다.

어릴 적, 지역 대회에서 큰 상을 받았던 날이나 표창장을 받았던 날, 부모님은 항상 나와 함께 그 자리에 계셨다. 그때 나는 부모님이 오시는 게 당연하다고 여겼다. 왜 그들이 그토록 바쁜 일상 속에서도 시간을 내어 내 곁에 있어 주었는지, 그 의미를 깊이 생각하지 못했다. 졸업식에서는 꽃다발을 들고 환하게 웃으시는 부모님의 모습을 보며 '당연히 오실 수밖에 없지'라고만 생각했다. 그러나 지금은 그들의 존재가 단순히 의무감이 아니라, 나의 성취를 진심으로 축하하고 인정하려는 사랑이었다는 것을 안다. 아버지가 직장에서 휴가를 내고 졸업식에 참석했던 기억이 있다. 그 당시에는 당연하게 받아들였던 그 행동이 이제는 다른 의미로 다가온다. 그것은 단순히 의식적인 참석이 아니라, 나의 노력을 인정하고 격려하려는 마음의 표현이었다.

나는 "Blessing in disguise"라는 표현을 좋아한다. 이 말처럼, 축복은 종종 역경 속에 숨겨져 있다. 초등학교 졸업이 끝이 아니라 중학교라는 새로운 도전이 기다리고, 대학교를 졸업하면 사회라는 더 큰 무대가 열린다. 부모님은 내가 이런 순환 속에서 한 단계씩 성장해 나가기를 바랐던 것 같다. 그들이 졸업식이나 표창장 같은 자리에 항상 함께해 준 것은 단지 축하를 위해서가 아니었다. 그것은 내가 지금까지 해온 노력과 고생을 인정하고, 앞으로도 더 큰 도전을 이어 갈 힘을 얻기를 바라는 응원이었다. 빛나는 순간들은 단지 외적으로 화려한 기념의 자리만을 의미하지 않는다. 그 순간들은 내게 깊은 성취감을 남겨 준다. 초등학교 졸업이나 군 복무처럼 누구나 겪는 평범한 일조차도, 그 안에서 느끼는 성취감에 나는 더 나은 사람이 되어 간다. 부모님은 그 성취감을 충분히 느낄 수 있도록 항상 내 곁에 있어 주었다. 그들이 내게 주었던 응원과 격려는 내가 더 큰 목표를 향해 나아갈 수 있는 원동력이 되었다.

성취감은 단지 순간적인 기쁨으로 끝나지 않는다. 그것은 나 자신에 대한 믿음을 심어 준다. 내가 어떤 도전에 부딪히더라도, 그것을 이겨 낼 수 있다는 확신을 준다. 빛은 어둠이 있어야 더 빛난다. 내가 빛났던 순간들 뒤에는 언제나 부모님의 그림자가 있었다. 그들은 한 발 물러서서 나를 바라보며 기뻐했지만, 동시에 나를 넘어지지 않게 받쳐 주는 버팀목이 되어 주었다. 부모님의 사랑은 나의 성취를 축하하는 데서 그치지 않았다. 그들은 나를 통해 자신의 삶도 다시 확인했을 것이다. 나의 성공이 그들의 노력과 희생이 헛되지 않았다는 증거가 되었을 것이다. 빛나는 순간들은 단지 나만의 것이 아니라, 우리 가족 모두의 것이었다. 지금 나는 부모님의 응원과 사랑을 기반으로 더 빛나는 삶을 살고 있다. 그러나 나는 이 빛나는 순간이 단지 과거의 기억으로만 남지 않기를 바란다. 앞으로도 더 많은 빛나는 순간을 만들어 가고 싶다.

나는 부모님께 보답하고 싶다. 내가 그들의 사랑을 통해 얻은 힘을 기반으로 더 큰 성취를 이루고, 그 성취를 다시 그들에게 돌려드리고 싶다. 내 삶의 모든 빛나는 순간들은 부모님이 주신 사랑의 결실이었고, 앞으로의 성취 역시 그 사랑에 대한 감사의 표현이 될 것이다. 빛나는 순간들은 단순히 개인적인 성취를 의미하지 않는다. 그것들은 내가 앞으로 나아가기 위한 에너지와 방향성을 준다. 나는 그 에너지를 통해 더 넓은 세상으로 나아가고, 더 큰 도전을 마주할 것이다. 부모님은 나의 삶에서 가장 큰 축복이었다. 그들의 사랑과 헌신이 없었다면 지금의 나도 없었을 것이다. 나는 그들의 응원에 힘입어 더 많은 빛나는 순간을 만들어 가며, 내 삶을 그들께 헌사하고 싶다.

멈춤과 나눔

016

나는 단거리 달리기 선수처럼 살아왔다. 목표를 정하면 앞만 보고 달렸고, 더 빨리, 더 멀리 가는 것만이 성공의 길이라고 믿었다. 학원 강사로서의 경력은 탄탄했고, 학원을 운영하며 남들보다 빠르게 안정적인 기반을 다질 수 있었다. 하지만 어느 순간부터 마음 한구석이 공허했다. 공허함의 이유를 이해하기까지는 시간이 필요했다. 나는 성공을 향해 달리면서 주변을 돌아보지 않았다. 다른 이들과의 관계를 느낄 틈도, 누군가와 함께 나아가는 여유도 없었다. 목표만을 바라보며 혼자서만 질주한 결과, 나는 점점 고립감을 느꼈고, 그 감정은 공허함으로 변했다. 사람은 사회적 동물이다. 성공은 혼자만의 성취로 완성되지 않는다. 나는 공허함을 채우기 위해, 목표를 향한 질주 속에서 주변을 돌아보는 삶을 살기로 결심했다. 그리고 내 결심의 첫 번째 실천은 '아름다운가게'에서의 봉사로 이어졌다.

내가 운영하는 학원 건물 1층에는 '아름다운가게'가 자리 잡고 있다. 사람들이 사용하지 않는 물건을 기부받아 재판매하고, 그 수익으로 어려운 이웃을 돕는 단체다. 몇 년 동안 이 가게를 지켜보며 그들의 활동에 감탄했지만, 그 일에 동참할 생각을 해 본 적은 없었다. 어느 날 아침, 나는 마음을 먹고 아름다운가게에서 봉사를 시작했다. 봉사의 첫날, 나는 물건을 정리하고 매장을 청소하며, 손님들을 응대했다. 생전 처음 해 보는 일이 많아 서툴렀지만, 봉사가 끝난 후의 보람은 말로 표현할 수 없었다. 나는 내 에너지를 온전히 타인을 위해 쏟아 본 적이 없었다. 그런데 봉사를 통해 내가 쌓아 온 성취와 능력이 누군가에게 도움이 될 수 있다는 사실을 깨달았다. 공허함은 조금씩 채워졌고, 그 보람은 나를 더 나은 방향으로 이끌었다.

아름다운가게에서의 경험은 내 시야를 넓히는 계기가 되었다. 하지만 나눔을 실천하는 것만으로는 부족했다. 더 본질적인 질문을 스스로에게 던졌다. "학원이 단순히 학생들에게 성적을 올려 주는 공간으로 머무를 수 있을까? 내가 운영하는 이 학원이 지역사회에 어떤 의미를 가질 수 있을까?"

그 무렵 대학원에서 읽게 된 박명희 교수님의 책 『사교육 이해』는 내게 깊은 영감을 주었다. 책은 사교육의 구조와 현황을 넘어 학원이 지역사회의 구성원으로서 감당해야 할 사회적 책임에 대해 이야기하고 있었다. 특히, '학원은 단순히 성적 향상을 위한 공간을 넘어, 지역사회와 상생하며 교육 본연의 가치를 실현해야 한다'는 내용이 내게 강렬한 메시지를 남겼다. 나는 학원의 역할이 단순히 지식 전달에 머물러서는 안 된다는 사실을 깨달았다. 책에서 받은 영감은 구체적인 행동으로 이어졌다. 내가 추구하는 교육의 가치를 더 많은 사람들과 나누고, 지역사회를 돕는 데 학원이 기여할 방법을 찾기 시작했다.

그렇게 탄생한 아이디어가 바로 '라면 기부 행사'였다. 나는 학원 학생들과 함께 나눔을 실천할 수 있는 방안을 고민했고, 방학 특강의 수강료 일부를 모아 라면을 기부하는 행사를 시작했다. 2021년부터 방학 특강을 진행할 때마다, 학생 한 명당 라면 한 상자를 기부하는 방식이었다. 이 행사는 학원 학생들뿐만 아니라 학부모들에게도 큰 호응을 얻었다. 기부를 통해 학생들은 단순히 수업을 듣고 시험을 준비하는 학생에서, 나눔의 가치를 실천하는 사람으로 성장할 수 있었다.

올해 초, 나는 의정부시 신곡1동 주민센터에서 진행한 '100일간 사랑릴레이 배턴 잇기'의 첫 주자가 되었다. 학생들과 함께 모은 라면 100상자를 주민센터에 전달하며, 우리 학원의 이름으로 지역사회에 작은 보탬이 될 수 있었다. 이 라면들은 저소득 가정과 관내 경로당 22곳에 전달되었다.

아름다운가게에서의 봉사, 『사교육 이해』에서 배운 사회적 책임, 그리고 라면 기부 행사에 내가 세상을 바라보는 시선은 완전히 변했다. 과거의 나는 단거리 달리기 선수처럼 앞만 보고 달렸다. 성공을 향한 질주에만 집중했던 나는, 이제 옆을 살피고 함께 걷는 법을 배우고 있다. 나눔은 단지 타인을 돕는 행위가 아니다. 그것은 나 자신을 돌아보고, 내 삶의 방향을 확장시키는 행위다. 나는 여전히 목표를 향해 달리고 있다. 그러나 이제는 더 이상 혼자가 아니다. 나눔과 함께 걸어가는 이들이 있고, 내가 도와준 사람들이 있다. 나의 새로운 경주는 더 길고, 더 넓은 세상을 향해 이어지고 있다. 성공은 더 이상 혼자만의 성취가 아니다. 그것은 함께 나누고, 더불어 살아가는 가운데 진정한 가치를 찾는다. 앞으로도 나는 목표를 향해 달릴 것이다. 그러나 이제는 옆을 살피고, 다른 사람들과 함께하는 걸음으로 내 삶을 더 풍요롭게 만들어 갈 것이다.

감사

"감사"라는 단어를 떠올릴 때, 머릿속에는 수많은 얼굴과 기억, 그리고 순간들이 떠오른다. 감사는 단순한 감정이 아니라, 내가 살아온 시간을 지탱해 준 축복의 흔적들이다. 감사는 나를 이루는 조각이자, 나를 앞으로 나아가게 하는 원동력이다. 그 감정을 글로 풀어내려 하니, 모든 것이 감사로 연결되어 있다는 깨달음에 더없이 겸손해진다. 감사의 첫 번째 이름은 부모님이다. 많은 사람들이 부모님을 떠올릴 때, 감사라는 단어와 함께 가장 먼저 연관 짓는다. 나 역시 마찬가지다. 부모님은 내 삶의 기초를 이루는 뿌리와도 같은 분들이다.

　어릴 적부터 지금까지, 부모님은 늘 나의 곁에 계셨다. 아침마다 정성껏 준비해 주시는 따뜻한 식사, 피곤한 내 얼굴을 보고도 마다하지 않고 학원까지 데려다주셨던 마음, 그리고 내가 스트레스에 지쳐 있을 때 낚시터로 이끌어 주시며 자연 속에서 마음을 회복하도록 도와주셨던 기억. 그 모든 순간이 나를 지금까지 지탱해 준 힘이었다. 어른이 되고 나서야 깨달았다. 부모님이 내게 베푸셨던 모든 것이 단순한 의무가 아니라, 사랑의 표현이었다는 사실을. 나를 위해 기울였던 그들의 시간과 노력은 단순히 '할 일'을 넘어선 것이었다. 그것은 내가 무엇이든 이뤄 낼 수 있도록, 무엇보다 나다운 삶을 살아갈 수 있도록 해 주는 밑거름이었다.

　감사란 거창한 순간에서만 느껴지는 것이 아니다. 가장 일상적인 순간에서도 감사의 흔적은 스며들어 있다. 내가 매일 아침 느끼는 감사의 순간은 바로 출근길이다. 가끔은 출근길이 고되고 피곤하게 느껴질 때도 있다. 해야 할 일이 산더미처럼 쌓여 있고, 해결해야 할 문제들이 나를 기다리고 있을 때, 발걸음이 무거워질 때도 있다. 하지만 그런 날조차 출근길의 사소한 것들에 감사함을 느낀다. 한 걸음씩 지면을 밟으며 느껴지는 땅의 단단함, 발걸음에 맞춰 울리는 심장 박동, 귀에 들려오는 도시의 소음 속에서도 묻어나는 생명의 기운. 이 모든 것은 내가 살아 있음을 상기시키며, 일상이 주는 은혜를 다시금 깨닫게 해 준다.

출근길은 단순히 하루의 시작이 아니다. 그것은 내가 걸어갈 새로운 길, 내가 마주할 가능성의 문이기도 하다. 그래서 나는 출근할 수 있는 하루, 내가 일할 수 있는 공간이 있다는 사실만으로도 감사하다. 감사함은 사람을 통해 전달될 때가 많다. 내가 떠올리는 가장 감사한 경험은 고등학교 3학년 시절, 영어를 지도해 주셨던 선생님과의 추억이다. 그분은 내가 단순히 영어를 잘하게 되는 것을 넘어, 내 인생의 방향성을 결정짓는 데 큰 영향을 주신 분이었다.

나는 영어를 좋아했지만, 그리 잘하지는 못했다. 그때 선생님은 내가 가진 가능성을 발견해 주셨고, 체계적으로 영어를 학습하는 방법을 가르쳐 주셨다. 특히 교재에 나오지 않는 세세한 부분들까지도 열정적으로 설명해 주시며, 영어라는 언어를 단순한 과목이 아니라 삶의 도구로 느끼게 해 주셨다. 그 선생님 덕분에 영어를 사랑하게 되었고, 지금 영어 강사로서의 길을 걷게 되었다. 그 가르침이 없었다면 지금의 나는 존재하지 않았을지도 모른다. 선생님은 나에게 지식뿐만 아니라, 지식을 나누는 기쁨과 가르치는 삶의 가치를 알려 주셨다.

감사함은 단순히 나를 둘러싼 외부 환경에만 존재하는 것이 아니다. 감사는 나를 이루는 본질적인 감정이다. 내가 부모님께 받은 사랑, 출근길에서 느낀 생동감, 그리고 선생님께 배운 가르침. 이 모든 감사의 순간이 모여 오늘의 나를 빚어냈다. 감사는 받는 것으로 끝나지 않는다. 그것은 표현하고 나눌 때 더욱 빛을 발한다. 나는 내가 받은 감사의 순간들을 기억하며, 그것을 다른 사람들과 나누고 싶다. 누군가 나에게 느꼈던 감사의 마음이 또 다른 누군가에게 전해지고, 그렇게 감사가 세상을 가득 채우는 것을 상상한다.

 감사는 그 자체로 선물이다. 나는 오늘도 부모님과의 일상 속에서, 출근길의 발걸음 속에서, 그리고 영어 선생님과의 추억 속에서 감사의 흔적을 찾는다. 그리고 그 감사의 감정은 나를 더 나은 사람으로, 더 넓은 세상으로 이끈다. 내가 받은 감사는 내 삶의 뿌리이자, 앞으로 나아갈 날개가 되어 준다. 나는 오늘도 그 감사의 힘으로 살아간다.

좋은 어른

좋은 어른이란 어떤 사람일까? 이 질문을 떠올리면 마음속에 복잡한 감정과 함께 여러 가지 이미지가 떠오른다. '좋은'이라는 수식어는 컴퓨터나 자동차 같은 사물에는 비교적 쉽게 적용되지만, 사람에게 붙으면 훨씬 더 의미가 다채롭다. 좋은 어른은 능력이 뛰어난 사람일 수도, 따뜻한 마음씨를 가진 사람일 수도 있다. 하지만 내가 생각하는 좋은 어른이란 이정표 같은 사람이다. 그들의 삶은 방향을 제시하고, 선택의 순간마다 길을 알려 준다. 내가 만난 좋은 어른들은 내 인생의 중요한 이정표가 되어 주었고, 그들이 남긴 발자국을 따라 걸으며 나는 지금의 나로 성장할 수 있었다.

내가 만난 첫 번째 이정표 같은 어른은 고등학교 시절의 영어 선생님이다. 나는 영어를 좋아했지만, 특별히 뛰어난 실력을 가진 학생은 아니었다. 하지만 그 선생님은 내 가능성을 발견하고, 체계적으로 공부하는 방법을 가르쳐 주었다. 그분은 단순히 교과서의 내용을 전달하는 것을 넘어, 영어라는 언어가 어떻게 삶의 도구가 될 수 있는지를 보여 주셨다. 교재를 넘어서는 깊이 있는 설명과 풍부한 이야기를 통해, 영어를 단순한 학문이 아닌 세상을 이해하고 소통하는 도구로 여길 수 있게 되었다. 그 가르침 덕분에 나는 영어를 사랑하게 되었고, 영어를 가르치는 사람이 되고 싶다는 꿈을 꾸게 되었다. 오늘날 내가 영어 강사로서 살아가고 있는 이유는 바로 그 선생님 덕분이다. 그분은 내 삶의 첫 번째 이정표였고, 그 시절의 가르침은 지금도 내 안에 깊이 새겨져 있다. 나는 그 선생님을 생각할 때마다, 내가 학생들에게 어떤 모습으로 기억될지 고민하게 된다. 내 수업을 듣는 학생들에게도 영어는 단순한 과목이 아니라, 새로운 세상으로 향하는 창이 되기를 바란다. 내가 느꼈던 그 설렘과 깨달음을 학생들에게도 전해 주고 싶다.

내가 만난 또 다른 좋은 어른은 숭실대학교 대학원 교육경영학과에서 만난 박명희 교수님이다. 대학원에 진학하며 나는 단순히 사교육자로서의 지식과 기술을 더 배우는 것을 목표로 삼았다. 그러나 박명희 교수님은 내게 교육경영자의 철학과 책임, 그리고 더 깊은 통찰을 가르쳐 주셨다. 교수님은 강의실에서 이론을 전달하는 것에 그치지 않았다. 자신의 경험을 바탕으로 한 실제적인 이야기와 교육에 대한 진지한 고민을 나누며, 교육이 단순히 성적을 올리는 것이 아니라, 사람의 삶을 변화시키는 일이라는 점을 강조하셨다. 특히 기억에 남는 것은 교수님이 수업 중에 하셨던 한마디였다. "교육자는 학생의 삶에 지식을 심는 사람이 아니라, 학생이 스스로 방향을 찾을 수 있도록 돕는 사람이어야 한다." 이 말씀이 내게 깊은 울림을 주었다. 그 가르침을 통해 교육 현장을 새로운 시각으로 바라보게 되었다. 교육은 단순히 성적 향상만을 목표로 하는 것이 아니라, 학생들에게 더 나은 삶의 방향을 제시하는 일이었다. 나는 박명희 교수님의 가르침 아래 성장하며, 사교육자로서의 역할을 다시금 정의하게 되었다.

좋은 어른은 단순히 자신의 삶을 살아가는 것에서 그치지 않는다. 그들은 자신이 걸어온 길을 돌아보고, 다른 이들이 그 길을 걷는 데 도움이 될 수 있도록 이정표를 세운다. 내가 고등학교 영어 선생님과 박명희 교수님을 통해 배운 것은 단지 지식과 기술이 아니었다. 그것은 내 삶을 어떻게 살아가야 할지에 대한 방향과 철학이었다. 이정표는 단순히 방향만을 알려 주는 것이 아니다. 그것은 잘못된 길에서 벗어날 기회를 주고, 새로운 길을 탐험할 용기를 심어 준다. 좋은 어른이란 단지 성공의 표본을 보여 주는 사람이 아니라, 실패의 의미와 그로부터 배운 교훈을 나누는 사람이다.

나는 아직도 좋은 어른이 되기 위해 노력 중이다. 내가 걸어온 길이 누군가에게 도움이 되고, 내가 실천한 가치들이 또 다른 사람들에게 긍정적인 영향을 미친다면, 그것만으로도 내 삶은 충분히 가치 있을 것이다. 좋은 어른이 되는 것은 단순히 나이가 들거나, 특정한 성취를 이루었다고 해서 완성되는 일이 아니다. 그것은 끝없는 성찰과 배움, 그리고 실천을 통해 조금씩 이루어지는 과정이다.

내가 걸어온 길에는 이정표 같은 어른들이 있었다. 그들이 가리킨 방향 덕분에 나는 나의 길을 찾아갈 수 있었고, 지금도 그들의 가르침을 마음속에 간직하며 나아가고 있다. 이제는 내가 이정표가 될 차례다. 누군가가 내 삶을 보고 자신만의 길을 찾아가기를 바란다. 좋은 어른이 된다는 것은, 내가 가진 모든 것을 나누고, 함께 성장하며 더 나은 세상을 만들어 가는 일일 것이다. 좋은 어른은 그저 성공적인 삶을 보여 주는 사람이 아니다. 그것은 자신이 걸어온 길에서 배운 모든 것을 나누고, 다른 이들이 더 나은 선택을 할 수 있도록 돕는 사람이다. 내가 만난 좋은 어른들, 특히 고등학교 영어 선생님과 박명희 교수님은 내 삶에 빛이 되어 주었고, 그 빛을 통해 나는 앞으로의 길을 밝혀 나가고 있다. 나는 앞으로도 나 자신이 누군가에게 이정표가 될 수 있는 삶을 살기를 꿈꾼다. 내가 받은 가르침과 배움을 바탕으로, 더 많은 사람들과 연결되고, 함께 성장해 나가는 어른이 되고 싶다.

> **마음익히기**

인생에서 처음 만난
'좋은 어른'은 누구인가요?

산책

하루 30분의 자유 시간이 주어진다면, 나는 주저하지 않고 산책을 선택할 것이다. 누군가에겐 짧게 느껴질지도 모르는 30분이지만, 나에게는 그 시간이 삶의 균형을 회복하는 소중한 여정이 된다. 산책은 단순히 발걸음을 옮기는 행위가 아니다. 그것은 몸과 마음이 대화를 나누고, 나 자신과 다시 연결되는 과정이다. 발걸음을 옮길 때마다 내 안의 혼란과 긴장은 서서히 풀려 나가고, 나는 나를 만나러 가는 길 위에 서 있다.

산책은 몸에서 시작된다. 하루의 긴장과 피로가 쌓인 몸은 종종 느끼지 못하는 사이에 굳어 있다. 뻐근한 어깨, 무거운 다리, 멍한 머리. 이 모든 것이 걷기라는 단순한 행위로 서서히 풀려간다. 신발을 신고 문 밖으로 나서는 순간, 나는 내 몸과 마음을 새로운 상태로 이끌 준비를 한다. 첫 걸음이 시작될 때는 여전히 머릿속이 복잡하다. 해야 할 일들과 잊지 못한 대화, 해결되지 않은 고민들이 따라붙는다. 하지만 걸음이 이어질수록, 주변의 공기와 소리가 내게 말을 걸기 시작한다. 가끔은 바람의 소리가, 때로는 내 발걸음이 땅을 딛는 소리가 혼란스러운 머릿속을 잠재운다. 몇 분이 지나면, 마침내 나를 억누르던 잡생각들이 천천히 흩어지고, 머릿속은 멍한 상태로 변한다. 이 멍함은 단순한 공백이 아니라, 뇌가 진정으로 쉬는 순간이다.

이 과정은 마치 나무가 낙엽을 떨구는 것과도 같다. 하루 동안 쌓였던 피로와 잡생각들이 발걸음 하나하나에 떨어져 나간다. 걷는 동안 내 몸은 점점 더 가벼워지고, 발걸음은 더욱 경쾌해진다.

산책이 가져다주는 가장 큰 변화 중 하나는 몸과 마음의 동시 치유다. 걷는 동안 내 몸은 한층 가벼워지고, 마음은 조금씩 평온함을 되찾는다. 그렇게 몸의 긴장이 풀리면, 이제 마음의 이야기를 들어 볼 차례다. 산책은 나 자신과 대화할 수 있는 소중한 기회다. 평소에는 너무 바빠서, 혹은 다른 것에 몰두하느라 잊고 있었던 내 마음의 소리를 듣는다.

"오늘 나는 어떤 기분이었지?"
"어떤 일이 나를 웃게 했지?"
"혹시 속상했던 일이 있었나?"

나는 스스로에게 묻고, 내 감정에 귀를 기울인다. 이 대화는 꾸밈없다. 내 마음 앞에서 나는 솔직해진다. 기쁨은 그대로 즐기고, 슬픔은 있는 그대로 받아들인다. 불안이 찾아오면, 그 불안을 마주한다. 산책은 문제를 해결하기 위한 시간이 아니다. 오히려 문제를 인정하고, 감정을 끌어안으며 그것과 함께 걸어가는 시간이다.

예전의 나는 감정을 억누르는 데 익숙했다. 불안하면 억지로 기분을 바꿔 보려 했고, 슬프면 억누르려 했다. 그러나 산책은 내게 감정을 있는 그대로 받아들이는 법을 가르쳐 주었다.

"그래, 나는 지금 슬프다."
"불안하긴 하지만, 괜찮다."

감정을 받아들인다는 것은 그것을 방치한다는 뜻이 아니다. 산책은 감정을 인정하고 소화할 시간을 준다. 억누르지 않아도 된다. 오히려 감정을 인정하는 순간, 그것은 더 이상 나를 짓누르지 않는다. 감정은 억눌릴수록 강해지고, 받아들일수록 약해진다는 사실을 산책을 통해 배웠다. 걷는 동안 나는 내 감정과 친구가 되고, 그 감정들을 다독이며 함께 걸어간다.

걷는다는 것은 단순히 몸을 움직이는 행위가 아니다. 그것은 삶의 속도를 잠시 늦추고, 나를 재정비하는 시간이다. 발걸음을 옮길 때마다 내 안에 얽혀 있던 생각의 실타래가 하나씩 풀려 간다. 복잡했던 문제들도 한 걸음씩 내디디는 동안 새로운 관점으로 보이기 시작한다. 산책은 내게 머릿속을 비우는 시간이자, 삶을 다시 정돈할 기회를 준다. 때로는 걷는 동안 떠오르는 작은 깨달음이 내 삶의 중요한 변화를 이끌기도 한다. 산책은 그런 깨달음의 여지를 만들어 주는 특별한 시간이다.

산책은 내 마음과 데이트를 하는 시간이다. 데이트를 하며 사랑하는 사람을 더 깊이 이해하게 되듯, 산책으로 나를 더 잘 이해하게 된다. 산책 중에는 어린 시절의 기억이 떠오르기도 하고, 잊고 있던 소중한 사람의 얼굴이 생각나기도 한다. 내가 느꼈던 기쁨과 슬픔, 희망과 아쉬움이 마치 스쳐 지나가는 풍경처럼 내 마음속에 떠오른다. 산책은 그런 감정들을 억누르지 않고 부드럽게 떠올리게 한다. 그리고 그 감정들을 천천히 소화할 수 있는 공간을 제공한다. 30분이라는 시간은 짧다. 하지만 그 안에는 길고도 깊은 여정이 담겨 있다. 산책은 내게 몸과 마음의 긴장을 풀어내고, 나를 재정비하며, 나 자신을 이해할 기회를 준다.

매일 반복되는 바쁜 일상 속에서, 이 30분은 내게 진정한 자유와 회복의 순간을 선물한다. 걷는 동안 나는 내 삶을 되돌아보고, 내 안의 목소리에 귀를 기울이며, 내가 나다운 삶을 살아갈 수 있는 힘을 얻는다.

앞으로도 나는 이 시간을 소중히 여기며 매일의 산책을 통해 조금씩 더 나아갈 것이다. 산책은 나를 위한 작은 선물이자, 내가 나를 만나는 특별한 여정이다. 걸음으로 시작된 이 작은 변화가 결국 내 삶을 크게 바꾸는 씨앗이 될 것이다.

(마음익히기)

하루 중 마음이 가장
고요해지는 시간은 언제인가요?

자몽

020

내 인생을 한 권의 책으로 만든다면, 그 제목은 '자몽'이 될 것이다. 단순히 자몽을 좋아하기 때문에 이 이름을 떠올린 것은 아니다. 자몽의 맛과 특성이 내 인생과 닮아 있기 때문이다. 자몽은 단순한 과일이 아니다. 딸기나 바나나처럼 달콤함에 집중되지 않고, 키위나 석류처럼 신맛이 강하지도 않다. 자몽을 한입 베어 물면 처음에는 오렌지처럼 상큼한 신맛이 느껴진다. 그러나 씹다 보면 특유의 쓴맛이 올라오고, 삼킬 때쯤 단맛과 쓴맛이 어우러져 묘한 여운을 남긴다. 새콤함, 쌉쌀함, 달콤함이 조화롭게 얽힌 자몽의 맛. 그것이 나의 인생을 가장 잘 나타내는 비유다.

나는 자몽의 복합적인 맛 속에서 내 삶의 다양한 순간들을 본다. 기쁨과 슬픔, 성공과 실패, 성장과 좌절이 함께 어우러진 나의 이야기가 자몽이라는 과일 속에 담겨 있다. 내 인생에서 새콤함은 나의 긍정적인 성격과 닮아 있다. 나는 언제나 주변 사람들과 잘 어울리고, 어디에서든 밝은 에너지를 전하려고 노력해 왔다. 새콤한 자몽의 톡 쏘는 맛처럼, 나는 때때로 주변의 분위기를 활기차게 만드는 역할을 맡았다.

대학 시절, 친구들과 프로젝트를 준비할 때의 일이 떠오른다. 모두가 피곤하고 지쳐서 한숨만 내쉬던 순간, 나는 일부러 웃긴 농담을 던지거나 과장된 몸짓으로 분위기를 반전시키곤 했다. 그 작은 노력이 모여 서로가 조금 더 편안하게 아이디어를 나누고, 결국 더 나은 결과를 만들어 낼 수 있었다. 이러한 새콤함은 마치 자몽을 처음 물었을 때 느껴지는 상쾌함처럼, 주변 사람들에게 긍정적인 영향을 주었다. 그러나 삶이 항상 밝고 상쾌한 것만은 아니다.

자몽의 쓴맛은 내가 겪었던 시련과 실패를 상징한다. 그중에서도 대학 입시 면접에서의 경험은 내 인생의 가장 쓴 기억 중 하나다. 나는 공대 진학을 꿈꾸며 울산의 유니스트에 지원했다. 서류 심사를 통과하고 나니 꿈에 부풀었다. 학교 캠퍼스를 상상하며, 그곳에서 공부하고 성장할 날들을 기대했다. 그러나 면접 당일, 나는 긴장감에 압도당하고 말았다. 수학 문제를 푸는 중에는 간단한 계산 실수를 연발했고, 화학 면접에서는 기본 개념조차 제대로 떠올리지 못했다. 면접장을 나서는 순간, 얼굴이 화끈거리고 수치심과 자책감에 사로잡혔다. 결과는 불합격. 내 꿈이 한순간에 부서진 듯한 기분이었다. 그때 느낀 씁쓸함은 마치 자몽 껍질을 베어 문 듯한 강렬한 쓴맛과 같았다. 그 쓴맛은 한동안 나를 붙잡고 놓아주지 않았다. 그러나 시간이 지나면서 깨달았다. 쓴맛은 그 자체로 끝이 아니라 단맛으로 가는 길의 시작일 뿐이라는 것을.

　겨울이 지나면 봄이 오듯, 인생의 씁쓸한 순간은 단맛으로 이어진다. 면접에서 실패하고 낙담에 빠져 있던 내게 또 다른 기회가 찾아왔다. 다른 대학에서의 합격 통보가 그것이었다. 그 순간, 나는 다시 일어설 수 있었다. 실패는 내게 좌절이 아니라 성장의 발판이었다. 자몽을 구우면 단맛이 더욱 진해지듯, 인생의 시련은 나를 더욱 단단하고 달콤한 사람으로 만들어 주었다. 구운 자몽처럼 내 인생도 시련의 열기를 거쳐 더 나은 맛을 낼 수 있었다. 실패와 좌절이 있었기에 오늘의 내가 있을 수 있었다. 그 단맛은 나를 더 높은 곳으로 이끌었고, 새로운 희망을 꿈꾸게 했다.

　자몽은 단순하지 않다. 새콤함, 씁쓸함, 달콤함이 섞여 있어 한 가지

맛으로 정의할 수 없다. 내 인생도 그렇다. 기쁨만이 존재하는 삶은 없다. 슬픔이 없는 기쁨은 그저 피상적일 뿐이다. 실패와 성공, 슬픔과 기쁨이 뒤섞인 인생의 복합적인 맛이야말로 우리를 성장하게 한다. 나는 자몽을 먹을 때마다 내 인생을 떠올린다. 처음에는 상쾌한 새콤함으로 시작하지만, 곧 쓴맛이 찾아오고, 그 끝에는 단맛과 쓴맛이 어우러진 복잡한 풍미가 남는다. 그 모든 맛이 어우러져야 비로소 자몽이라는 과일이 완성되듯, 내 삶도 그러하다.

 내 인생은 자몽 한 알처럼 다양한 맛을 품고 있다. 새콤함으로 사람들에게 활기를 주고, 씁쓸함 속에서 실패와 배움을 얻으며, 단맛으로 희망을 찾아간다. 나는 자몽의 복잡한 맛을 좋아한다. 그것은 내 인생을 닮아 있고, 내게 삶의 본질을 가르쳐 주기 때문이다. 내 인생은 완벽하지 않다. 하지만 그 복잡함 속에서 나는 나만의 맛을 만들어 가고 있다. 자몽을 먹을 때마다 느끼는 그 여운처럼, 나의 인생도 새콤함과 쓴맛, 그리고 단맛이 함께 어우러져 더 깊은 의미를 만들어 간다. 자몽은 내게 단순한 과일이 아니라, 나의 이야기를 담은 상징이다. "자몽 같은 인생"은 내 삶을 가장 잘 설명하는 표현이다. 나는 오늘도 자몽을 닮은 삶을 살며, 그 모든 맛을 감사히 음미하고 있다.

첫 수업

대학교 1학년 때, 내게 찾아온 한 통의 전화는 내 인생의 방향을 완전히 바꿔 놓았다. 당시 나는 공대생으로서 수학과 과학에 자신이 있었고, 그 과목으로 과외를 하게 될 거라고 막연히 예상하고 있었다. 그런데 제안받은 과목은 의외로 영어였다. 순간 망설임이 스쳤지만, 나는 고등학교 시절 열심히 공부했던 기억과 괜찮았던 성적을 떠올리며 도전을 결심했다. 처음 학생을 가르칠 준비를 하던 순간이 아직도 생생하다. 내가 공부했던 방식들을 떠올리고, 부족한 부분은 동영상 강의와 참고서를 샅샅이 뒤지며 수업 자료를 만들었다. 설레면서도 두려웠다. 과연 내가 누군가를 제대로 가르칠 수 있을까? 그 물음이 내 머릿속을 떠나지 않았다.

 과외 첫날, 학생의 집 초인종을 누르며 나는 긴장으로 숨이 턱 막힐 것 같았다. 한 살 차이밖에 나지 않는 고등학교 3학년 학생을 가르쳐야 했기에, 신뢰를 주는 것이 무엇보다 중요하다고 느꼈다. 학생을 처음 마주한 순간, 나는 의도치 않게 내 자신을 돌아보았다. "내가 이 아이의 미래를 바꿀 수 있을까?" "내 가르침이 부족하면 어떻게 하지?" 그러나 그 질문들은 곧 책임감으로 변했다. 학생은 내 말을 경청했고, 가르침을 차근차근 받아들였다. 나는 매일 더 나은 자료와 수업 방식을 고민하며 내 스스로도 성장해 갔다.

 학생의 모의고사 성적이 점점 올라갈 때마다 내 안에서 묘한 기쁨과 자신감이 피어났다. 그 변화는 단순히 성적 향상에 그치지 않았다. 학생의 표정이 점차 밝아지고, 스스로 문제를 해결해 냈을 때 뿌듯함이 가득해 보였다. 나는 그 모습을 보며 가르침이 단순히 지식만을 전달하는 데서 그치는 것이 아니라, 한 사람의 삶에 변화를 줄 수 있다는 점을 깨달았다. 몇 달의 노력 끝에, 학생은 단국대 입학이라는 놀라운 결과를 얻었다. 하지만 내가 가장 감사했던 순간은 합격 소식을 들었을 때가 아니었다. 함께한 시간 동안 학생이 성장해 가는 과정을 지켜볼 수 있었던 것이 내게 더 큰 보람으로 다가왔다.

어느 날 수업이 끝난 후, 학생이 수줍게 "선생님 덕분에 공부가 재밌어졌어요"라고 말했던 기억이 난다. 그 한마디는 그 어떤 성적보다 값진 선물이었고, 이 일을 계속해야 한다는 확신을 심어 주었다. 그날 이후 나는 내게 주어진 이 길을 진지하게 고민하기 시작했다. 단순히 수업료를 받고 공부를 가르치는 것이 아니라, 누군가의 인생에 변화를 만들어 낼 수 있다는 점에서 강사라는 직업의 매력을 느꼈다. 이 직업은 단순히 내가 가진 지식을 나누는 것이 아니라, 학생들의 꿈과 목표를 함께 만들어 가는 과정이었다.

나는 전문성을 키우기 위해 과감한 결정을 내렸다. 공대를 떠나 영문과로 전과를 한 것이다. 주변에서는 안정적인 미래가 보장된 공대에서 떠나는 결정을 이해하지 못하는 시선도 있었지만, 내게는 확신이 있었다. 내가 가르침을 통해 느꼈던 설렘과 보람은 그 어떤 안정감보다 강렬했다. 그 후, 나는 내 모든 에너지를 영어에 집중하기 시작했다. 아르바이트를 할 때도, 과외 수업을 할 때도, 나는 항상 더 나은 강사가 되기 위해 노력했다. 내가 만든 교재와 자료들은 학생들에게 효과적인 학습 방법을 제공했으며, 그 과정에서 나도 함께 성장할 수 있었다.

가끔 일이 바쁘고 번아웃이 올 것 같은 날에는 첫 수업을 떠올린다.

초인종을 누르던 떨리는 손, 학생을 가르치며 느꼈던 긴장과 설렘, 그리고 성적이 오를 때의 벅찬 기쁨. 그것은 마치 첫사랑과도 같은 설렘이었다. 강사는 매 순간 새로운 학생들과 만나며 그 일이 마치 반복적인 업무를 하는 듯 보일 수 있다. 하지만 내가 처음 가르쳤던 학생의 이야기를 떠올리면, 그 설렘은 지금도 내 안에서 생생히 살아난다. 강사로서의 삶은 단순히 지식을 전달하는 것이 아니라, 학생과 함께 배우고 성장하며, 그들의 미래를 함께 그려 나가는 일이다.

그 첫 과외가 내게 준 것은 단순한 가르침의 경험이 아니었다. 그것은 내가 누구인지, 무엇을 해야 하는 사람인지에 대한 깨달음을 주었다. 학생의 성장은 곧 내 성장이었다. 가르치는 동안 나는 나 자신도 몰랐던 열정을 발견했고, 그것을 삶의 방향으로 삼았다. 첫 수업에서의 설렘은 지금까지도 나를 지탱해 주는 힘이자, 앞으로도 내가 이 길을 계속 걸어가게 할 이유다. 지금도 새로운 학생을 만날 때마다 초인종 앞에서 느꼈던 그 설렘을 떠올린다. 그리고 매 순간, 처음 그 마음 그대로 학생들을 만나고 가르친다. "가르침은 삶을 바꾸는 일이다." 내 삶을, 그리고 학생들의 삶을 함께 변화시키는 이 길을 나는 감사한 마음으로 걸어가고 있다.

미안함과 고마움 사이

가장 그리운 제자를 떠올릴 때, 내 마음속에 선명히 남아 있는 한 학생이 있다. 그 아이는 나에게 특별한 존재였다. 단지 수업을 함께했기 때문이 아니라, 강사로서, 그리고 한 사람으로서 내게 깊은 울림을 주었기 때문이다. 그 아이를 처음 만난 건 그 아이가 고등학교 3학년이 되던 해였다. 대학 입시가 코앞으로 다가오면서 학생들은 물론이고 나 역시도 긴장과 압박감을 느끼던 시기였다. 그 학생 또한 공부에 대한 열의와 부담감을 동시에 안고 있었다. 나는 그 아이가 가진 가능성을 믿었고, 그 가능성을 현실로 만들기 위해 더 많은 시간을 쏟기로 결심했다.

우리는 짧은 시간 안에 많은 것을 이루어야 했다. 고등학교 3학년은 선택과 집중이 필요한 시기였다. 그 아이가 약점을 보였던 부분들을 찾아내고, 그것을 보완할 수 있는 맞춤형 수업을 준비했다. 우리의 목표는 분명했다. 성적을 끌어올려 원하는 대학에 합격하는 것.

그 아이는 내가 준비한 자료를 충실히 소화해 내는 학생이었다. 단순히 성실하다는 표현만으로는 부족했다. 그 아이는 자신이 가진 시간과 에너지를 최대한 활용하며, 내가 전달한 모든 것을 흡수하려는 의지를 보여 주었다. 매번 과제를 해오는 수준을 넘어서, 내가 주지 않은 문제들까지 스스로 찾아 풀어 오곤 했다. 학생의 성실함에 나는 더욱 열심히 하게 되었다. 학생의 성적이 점점 오르기 시작하자, 강사로서의 보람을 느꼈다. 내가 준비한 교재와 수업이 효과를 발휘하고, 그 효과가 학생의 자신감으로 이어지는 과정을 보는 것은 그 무엇과도 비교할 수 없는 기쁨이었다.

하지만 그 학생의 마음속에 숨겨져 있던 고통은 내가 알지 못한 곳에서 그 아이를 짓누르고 있었다. 어느 날, 그 학생은 조심스럽게 자신의 이야기를 꺼냈다. 공황장애를 앓고 있다는 사실을 말했을 때, 나는 순간적으로 말문이 막혔다. 그 아이는 학교에서 갑자기 쓰러진 적이 있고, 밤에는 불면증 때문에 수면제를 복용하지 않으면 잠들 수 없다고 했다. 그 말을 들었을 때, 마음속에 텅 빈 구멍이 생긴 것 같았다. 나는 아이들과 공감하고 유대감을 쌓는 강사라고 자부했지만, 그 아이의 고통을 진작 알아채지 못했다는 사실에 큰 충격을 받았다. 지식을 가르치고, 성적을 올리는 데에만 집중한 나머지, 그 아이가 겪는 내면의 아픔을 놓치고 말았던 것이다.

그 이야기를 들은 이후로, 나는 수업 이상의 시간을 그 아이에게 주고 싶었다. 수업이 끝난 뒤에는 종종 맛있는 음식을 함께 먹으러 가거나 산책을 하며 가벼운 대화를 나눴다. 아이가 좋아하는 주제로 이야기를 이어 가며, 조금이라도 마음의 짐을 덜어 주고자 노력했다. 그러나 내가 아무리 노력해도, 그 아이가 처한 상황을 완전히 바꿀 수는 없었다. 공황장애와 불면증은 단순한 위로나 관심만으로 해결될 수 있는 문제가 아니었다. 하지만 나는 포기하지 않았다. 내가 줄 수 있는 건 완벽한 해결책이 아니었지만, 적어도 그 아이가 혼자가 아니라는 걸 느끼게 해 주고 싶었다.

그 학생과의 경험은 나를 이전과는 다른 강사로 만들어 주었다. 그 경험을 통해 내가 단순히 지식을 가르치는 사람에 그쳐서는 안 된다는 사실을 깨달았다. 아이들의 성적을 올려 주는 것만으로는 충분하지 않았다. 아이들의 마음을 이해하고, 그들이 처한 현실을 함께 걸어가려는 노력이 필요했다. 이제 나는 더 이상 단순히 문제 풀이 방법을 설명하거나 시험 전략을 세우는 것만을 목표로 하지 않는다. 학생들의 마음을 들여다보고, 그들이 느끼는 감정과 상황을 공감하며, 그들과 함께 걸어가는 것을 더 큰 목표로 삼고 있다.

그 학생과는 지금도 연락을 주고받고 있다. 짧은 메시지 하나로 서로의 안부를 묻고, 사소한 일상을 나누는 사이가 되었다. 그러나 여전히 그 아이가 겪고 있는 어려움은 끝나지 않았다. 나는 그 아이와의 시간을 떠올리며 가끔 미안한 마음이 든다. 더 많은 도움을 주지 못한 것 같아서, 그 아이의 상황을 완전히 바꿔 주지 못한 것 같아서. 그러나 동시에 그 아이가 내게 가르쳐 준 것들에 대해 감사함을 느낀다. 그 아이와의 만남은 나를 더 좋은 강사, 더 좋은 사람으로 만들어 주었다. 나는 더 이상 단순히 지식을 전달하는 사람이 아니라, 아이들의 삶을 이해하고 그들과 함께 걸어가는 동반자가 되고자 한다.

마음속으로 나는 그 아이에게 이렇게 말하고 싶다.

"네가 얼마나 힘든 시간을 보내고 있는지, 내가 모두 이해할 순 없겠지만, 너는 충분히 잘해 오고 있어. 그리고 앞으로도 잘 해낼 거야. 내가 언제나 너를 응원하고 있다는 걸 잊지 않았으면 좋겠어. 잘 버티고, 잘 이겨 내자. 내가 네 곁에 있을게."

그리운 제자는 내게 가르침 그 이상의 것을 가르쳐 주었다. 그 경험은 내가 강사로서, 그리고 한 사람으로서 더 깊은 책임감과 공감을 가지게 한 소중한 교훈이었다. 나는 오늘도 마음속으로 그 아이를 응원한다. 그리고 더 나은 사람이 되어야겠다고 다짐한다. 그 아이의 삶에 작은 힘이라도 될 수 있기를 바라며, 나의 길을 묵묵히 걸어간다. 그리움은 내가 더 좋은 어른, 더 좋은 강사가 되기 위한 밑거름이 된다. 그리고 나는 그리운 제자에게 마음속으로 감사한다. 네가 내 삶을 바꿔 주었다고.

(마음익히기)

기억에 남아있는
'고마운 사람'이 있나요?

열광

누군가 나를 소개할 때 '미친 사람'이라는 표현을 사용한다면, 나는 오히려 기뻐할 것 같다. 물론 그 표현이 정신이 이상하다는 의미가 아니라, 내가 하는 일에 깊이 몰두하고 열중한다는 뜻이라면 말이다. 강사로서, 학원 운영자로서, 매일 내 역할을 고민한다. 그리고 이 길을 걸으며, 내가 진정으로 미쳐 있는지, 온전히 열광하고 있는지 되묻게 된다. 열정은 단순한 노력이나 성실함 그 이상이어야 한다. 그것은 나 자신을 불태우는 에너지이고, 학생들에게 고스란히 전달되어야 하는 가치이다.

예전에 한 학원 원장님께서 하신 말씀이 내게 큰 충격을 준 적이 있다. "강사로 성공하려면 학원에 미치지 않으면 안 된다." 그 말은 단순한 조언 이상으로 내게 울림을 주었다. 나는 곧바로 나 자신에게 질문을 던졌다. "나는 정말 학원과 강의, 그리고 아이들에게 열광적으로 임하고 있는가?"

자아성찰의 결과는 냉혹했다. 나는 열심히 일하고 있었다. 하지만 '열광적으로'라는 말에는 자신이 없었다. 스스로를 돌아봤을 때, 나는 단순히 주어진 일을 해내는 수준에 머물러 있었다. 아이들에게 지식을 전달하고, 학원의 운영을 원활히 하는 데만 초점이 맞춰져 있었다. 그 깨달음 이후, 나는 열광적인 사람이 되기 위한 구체적인 계획을 세우기 시작했다. 단순히 성실한 강사를 넘어, 나만의 색깔을 가진 열정적인 강사가 되기로 결심했다.

그 결심의 첫걸음으로 시작한 것이 바로 강의 촬영 프로젝트였다. 당시, 나는 학생 한 명 한 명을 1:1로 세심히 관리하는 데 한계를 느끼고 있었다. 수업 시간은 한정적이고, 학생마다 이해 속도와 학습 방식이 다르기 때문에 모두를 만족시키는 것이 쉽지 않았다. 그래서 학원 수업 외에도 학생들이 집에서 복습할 수 있는 강의를 촬영하기로 했다. 강의 촬영은 단순히 수업을 녹화하는 것을 넘어, 학생들이 효과적으로 학습할 수 있는 자료를 만드는 과정이었다. 교재를 새로 설계하고, 수업 내용을 체계적으로 정리하며, 매일 밤 카메라 앞에 섰다. 퇴근 후의 시간은 내게 휴식이 아니라 또 다른 시작이었다.

촬영은 생각보다 힘들었다. 카메라 앞에서 말을 이어 가는 것은 익숙한 강의실에서 강의하는 것과는 달랐다. 처음에는 어색하기도 하고, 완벽하지 않은 장면을 여러 번 다시 찍어야 했다. 하지만 점차 적응해 갔고, 나만의 스타일을 만들어 갔다. 그렇게 촬영된 강의는 학생들에게 큰 반응을 얻었다. 수업 시간에 다 이해하지 못했던 부분을 반복해 학습할 수 있는 점이 학생들에게 유익했다. 학생들은 내 촬영 강의를 통해 부족했던 개념을 보완했고, 성적이 서서히 오르기 시작했다.

강의 촬영 프로젝트를 진행하면서 나는 학생들과 새로운 방식으로 연결되었다. 단순히 학원에서 만나는 관계를 넘어, 내가 만든 강의를 통해 아이들의 일상에 스며들게 된 것이다. 학생들은 내 수업을 들으며 질문을 준비해 오기도 하고, 강의 내용에 대한 피드백을 주기도 했다. 이 과정에서 나는 단순히 지식을 전달하는 강사가 아니라, 학생들의 고민을 듣고 그들의 학습 여정에 동행하는 존재가 되었다. 학생들은 나를 선생님이자 조언자로, 때로는 친구처럼 여기기 시작했다.

수업이 끝난 뒤에도 아이들과 함께 시간을 보내며 대화하는 일이 이

제 자연스러워졌다. 때로는 학업과는 무관한 고민을 털어놓는 아이들도 있었다. 그들의 이야기를 들으며, 나는 강사가 단순히 지식을 전달하는 사람에 그치지 않고, 학생들의 마음을 보듬고 길을 안내하는 역할도 해야 한다는 것을 깨달았다.

'미친 사람'이라는 표현은 이제 내게 최고의 찬사가 되었다. 나는 내가 하는 일에 미쳐 있고, 그것을 통해 학생들과 더 깊이 연결되고 있다. 그 열정은 단순히 성적 향상을 넘어, 학생들이 스스로에게 자신감을 가질 수 있도록 돕는 힘이 된다. 강의 촬영 프로젝트 이후로, 끊임없이 새로운 아이디어를 시도하고 있다. 학생들에게 더 나은 학습 환경을 제공하기 위해 매일 새로운 방식을 고민하고, 학원의 운영 방식도 끊임없이 개선해 나간다. 이 모든 과정은 단순히 일을 잘하기 위한 노력이 아니다. 그것은 내가 진심으로 이 일을 사랑하고, 이 일에 미쳐 있기 때문이다.

나는 여전히 배우고 있다. 학생들과의 대화를 통해, 촬영된 강의의 피드백을 통해, 그리고 매일 반복되는 수업을 통해 조금씩 더 나아지고 있다. 앞으로도 나는 '미친 선생님'으로 불리기를 바란다. 그 말은 내가 내 일에 진심이고, 학생들에게 최선을 다하고 있다는 증거이기 때문이다. 나는 내가 가진 열정을 통해 학생들의 삶에 긍정적인 변화를 만들어 내고 싶다. 내가 선택한 이 길이 쉽지 않다는 것을 알고 있다. 하지만 나는 그 길 위에서 계속 달릴 것이다. 내 열정이, 그리고 나의 '미침'이 학생들에게 전해지기를 바라며, 나는 오늘도 촬영 준비를 하고, 수업 자료를 만들며, 아이들의 성장을 위해 노력할 것이다. '미친 선생님.'

그것은 내가 되고 싶은 나의 또 다른 이름이다. 열정으로 아이들의 길을 밝히는 사람, 그것이 내가 추구하는 삶이다.

> 마음익히기

시간 가는 줄 모르고
푹 빠져드는 일이 있나요?

선한 영향력

요즘 세상에서 '영향력'이라는 단어는 삶의 중요한 키워드로 자리 잡았다. 특히 인스타그램이나 유튜브와 같은 소셜 미디어 플랫폼에서 사람들에게 영향력을 행사하는 사람들을 흔히 인플루언서라고 부른다. 이들은 콘텐츠를 통해 대중과 소통하며, 때로는 새로운 트렌드를 만들고, 때로는 가치를 전파하기도 한다.

하지만 나는 인스타그램을 사용하다가 그만두었다. 그 이유는 내가 보고 경험한 대부분의 인플루언서들이 진정한 의미의 영향력을 행사하고 있지 않다고 느꼈기 때문이다. 그들의 삶은 겉보기에는 화려하고 멋있어 보였지만, 그 안에는 진정성이나 내면의 울림보다는 꾸며진 이미지가 자리 잡고 있었다. 소셜 미디어는 때로는 사람들의 삶을 긍정적으로 변화시키는 힘을 가질 수 있다. 그러나 그 힘이 겉모습에 머물러 있으면 우리는 쉽게 속물적인 가치관에 휩쓸리게 될 수 있다. 반짝이는 외모와 화려한 삶의 단면만을 보여 주는 모습은 때로 사람들에게 열등감을 심어 주거나, 쓸모없는 비교로 괴롭게 하기도 한다. 나는 그런 모습에서 진정한 영향을 느끼지 못했다. 그렇기에 인플루언서라는 역할을 바라보는 내 마음 한편에는 늘 의문이 자리했다.

영향력을 준다는 말은 영어로 influence라고 표현한다. 하지만 나는 이 단어보다는 motivate라는 단어를 더 선호한다. influence가 단순히 사람들의 행동이나 생각에 영향을 미치는 것이라면, motivate는 그 사람을 더 나은 방향으로 움직이게 만드는 힘이다. 나는 단순히 영향을 미치는 사람보다는, 누군가에게 동기를 부여하는 사람이 되고 싶다. 내 삶의 목표는 나를 통해 다른 사람이 자기 삶의 의미를 찾고, 자신만의 열정을 발견하며, 나아갈 용기를 얻는 데 있다. 그게 내가 생각하는 진짜 영향력이다.

  나는 강사로서 아이들에게 긍정적인 동기를 부여하기 위해 매일 최선을 다한다. 강사가 아이들에게 줄 수 있는 가장 큰 선물은 단순히 영어를 잘 가르치는 것이 아니다. 그것은 아이들의 삶에 영향을 주고, 그들이 세상에 더 강인하게 설 수 있는 힘을 길러 주는 것이다. 아이들에게는 학업이라는 작은 도전만이 아니라, 인생이라는 더 큰 도전이 기다리고 있다. 자격증 시험, 취업 준비, 직장 생활 같은 과정들은 누구에게나 힘들고 버거운 시간이 될 수 있다. 학생들이 앞으로 맞닥뜨릴 이 모든 어려움들을 이겨 낼 힘을 지금부터 키워 주고 싶다. 예를 들어, 매일매일 영어 단어를 외우는 단순한 습관은 그들에게 꾸준함의 힘을 가르친다. 제 시간에 맞춰 학원에 와서 수업에 참여하면 성실함의 중요성을 몸소 배울 수 있다. 열심히 노력하여 시험에서 좋은 성적을 거두는 경험은 성취감이 주는 자신감을 심어 준다. 이러한 작은 훈육과 경험들이 모여, 학생들은 자신도 모르는 사이에 더 강인한 사람이 되어 간다.

  나는 아이들에게 버팀의 힘을 가르치고 싶다. 영어 단어를 외우는 작은 습관에서부터 시작해, 그들이 삶에서 마주치는 더 큰 도전까지도 이겨 낼 수 있는 내면의 힘을 길러 주는 것이다. 삶은 늘 쉽지 않다. 우리는 누구나 실패를 겪고, 때로는 좌절하며, 때로는 길을 잃는다. 그러나 그런 순간에도 꾸준히 노력하고 포기하지 않는다면, 우리는 결국 더 나은 자신을 만날 수 있다. 아이들에게 내가 해 줄 수 있는 가장 큰 가르침은 바로 그 사실이다.

한 아이가 영어 단어장을 들고 "선생님, 정말 다 외웠어요!"라고 말할 때, 나는 그 순간이 단순한 학업적 성취 이상의 의미를 담고 있다고 믿는다. 그 아이는 비록 작은 일일지라도, 자기 자신과의 약속을 지켰다는 사실을 배운 것이다. 그리고 그 경험은 더 큰 도전을 마주할 때도 그들에게 큰 힘이 될 것이다.

나는 학생들에게 단순히 영어를 가르치는 선생님이 아니라, 그들의 삶에 동행하는 동반자가 되고 싶다. 수업 시간에 배운 지식이 그들의 머릿속에 남는 것도 중요하지만, 내가 전한 메시지가 그들의 마음속에 남기를 바란다.

나는 학생들에게 이렇게 말하곤 한다. "세상은 네가 지금 상상하는 것보다 더 크고, 더 어려울 수 있어. 하지만 네가 지금부터 조금씩 준비한다면, 너는 그 세상을 충분히 이겨낼 힘을 가질 수 있어."

학생들이 내 수업을 통해 배운 작은 교훈들이 그들의 인생에 긍정적인 영향을 미치기를 바란다. 그들이 나중에 삶의 어려운 순간에 나를 떠올리며, "그래도 그때 선생님이 해 준 말이 있어서 내가 버틸 수 있었어"라고 생각할 수 있다면, 그것이 내가 꿈꾸는 선한 영향력이다. 소셜 미디어 속에서 화려한 삶을 보여 주는 인플루언서처럼 보이지 않아도 좋다. 내가 꿈꾸는 영향력은 보여지는 것이 아니라, 사람의 마음을 움직이는 것이다. 그 마음이 조금 더 나은 방향으로 나아갈 수 있도록 돕는 것이 내 삶의 목표다.

앞으로도 영어라는 도구를 통해 아이들에게 작은 동기와 큰 깨달음을 전하고 싶다. 강사로서, 그리고 한 사람으로서, 나의 삶이 그들에게 긍정적인 변화를 가져오는 계기가 될 수 있기를 바란다. 아이들의 성장을 도울 수 있다는 것, 그리고 그 과정에서 내 자신도 함께 성장할 수 있다는 사실은 나를 가장 행복하게 만든다. 나는 오늘도 강의실에서 아이들을 만나며, 그들에게 선한 영향력을 전하기 위한 노력을 멈추지 않을 것이다. 진정한 영향력은 외적인 화려함이 아니다. 그것은 사람의 마음을 움직이고, 삶을 변화시키는 조용하지만 강한 힘이다. 나는 그 힘을 믿는다. 그리고 그 힘으로 오늘도 아이들과 함께 걷고 있다.

(마음익히기)

동기부여가 되는
사람이나 문장이 있나요?

인농(人農)

교육이라는 길을 걷는 사람들에게 가장 중요한 덕목이 무엇이냐고 묻는다면, 나는 주저하지 않고 진솔함이라고 답할 것이다. 진솔함은 단순한 정직을 넘어, 내가 가르치는 아이들과 학부모에게 믿음을 주고, 신뢰를 쌓는 밑바탕이 된다. 사교육을 둘러싼 많은 문제들이 매체를 통해 보도되고 있다. 그중 일부는 강사나 원장이 학원의 실적을 과장하거나, 허위 이력으로 학부모와 학생들을 속이는 모습들이다. 이러한 문제를 접할 때마다 나는 깊은 책임감을 느낀다. 교육자는 단순히 가르치는 기술자가 아니라, 삶의 모델이 되어야 한다. '윗물이 맑아야 아랫물이 맑다'는 속담처럼, 교육자의 모습은 아이들에게 직접적인 영향을 미친다. 진실하지 못한 교육자가 아이들에게 성실과 정직을 가르칠 수 있을까?

교육자의 진솔함은 단순한 선택이 아니라 필수다. 내가 성실하지 않으면서 아이들에게 성실하라고 말할 수 없고, 내가 거짓된 삶을 살면서 아이들에게 정직하라고 가르칠 수도 없다. 교육자는 아이들에게 지식만을 전달하는 사람이 아니다. 교육자는 자신의 삶으로 아이들에게 메시지를 전달하는 존재다. 나는 아이들과의 수업, 학부모와의 상담, 그리고 학원의 운영 전반에서 진솔함을 지키기 위해 노력한다. 학생과 학부모를 현혹하기 위해 화려한 광고나 과장된 실적을 내세우는 대신, 학원의 가치를 통해 성장한 아이들의 모습을 보여 주는 것이 더 중요하다고 믿는다. 광고지나 홍보물보다 아이들이 실제로 성장하고 변화하는 모습을 보여 주는 것이야말로 진정한 신뢰를 얻는 길이라고 생각한다. 나는 진솔함이 아이들에게만 국한된 것이 아니라, 학부모와의 관계에서도 똑같이 중요한 요소라고 본다.

교육자는 농부와 같아야 한다. 농부는 씨앗을 심고, 물을 주고, 잡초를 뽑으며 끝없는 정성과 인내로 열매를 기다린다. 나 또한 아이들에게 씨앗을 심으며, 그들의 성장을 꿈꾼다. 내가 심는 씨앗은 단순한 지식의 씨앗이 아니다. 그것은 아이들이 인생에서 마주할 어려움과 도전을 이겨 낼 수 있는 지구력과 성실함의 씨앗이다. 영어라는 과목은 단지 도구일 뿐이다. 중요한 것은 영어를 배우는 과정에서 아이들이 꾸준함과 성실함을 배우고, 자신감을 키워 나가는 것이다. 매일 반복되는 영어 단어 학습은 그들에게 끈기와 꾸준함을 가르친다. 제 시간에 맞춰 학원에 와서 수업에 참여하는 것은 책임감과 성실함을 배울 기회를 제공한다. 그리고 작은 성취를 하나씩 쌓아 가는 경험은 아이들에게 자신감과 성취감을 선물한다.

이 모든 과정은 눈에 보이지 않는 작은 씨앗과 같다. 씨앗이 땅속에서 천천히 싹을 틔우듯, 아이들의 성장은 겉으로는 보이지 않을 때가 많다. 그러나 시간이 지나면 아이들은 자기 자신도 놀랄 만큼 커다란 나무로 자라 있을 것이다.

진솔함은 단순히 말로 전해질 수 없다. 그것은 행동으로 증명되어야 한다. 나는 학부모 상담에서도 항상 솔직하게 접근하려고 한다. "당장 성적을 올려주겠다"는 약속 대신, 아이의 현재 상태와 성장을 위해 필요한 과정에 대해 진실되게 이야기한다. 학부모들은 종종 불안한 마음으로 내게 조언을 구하지만, 나는 그 불안함을 무조건 달래주기보다, 아이들이 느린 속도로도 꾸준히 발전할 수 있음을 이해시키는 데 초점을 맞춘다. 학생들에게도 마찬가지다. 나는 학생들에게 "네가 반드시 최고가 되어야 한다"고 말하지 않는다. 대신 "네가 조금씩 나아질 수 있다면, 그것이 진짜 성공이다"라고 강조한다. 이런 진솔한 대화가 아이들에게 깊이 와 닿을 때, 나는 진정한 교육의 가치를 느낀다.

진솔함은 학부모와 학생의 신뢰를 얻는 가장 기본적인 방법이다. 거짓된 화려함은 금방 사라지지만, 진솔함에서 비롯된 신뢰는 오랜 시간에 걸쳐 단단히 쌓인다. 나는 교육자로서 아이들에게 선한 영향을 끼치고, 학부모에게는 신뢰를 줄 수 있는 사람이 되고 싶다. 교육은 단순히 지식을 전달하는 것이 아니라, 아이들과 함께 성장하고 그들의 삶에 긍정적인 흔적을 남기는 일이다.

나는 매일 스스로에게 묻는다. "나는 지금 진솔한가?" "아이들에게 가르치는 가치와 내 삶이 일치하는가?" 이 질문은 나를 긴장을 늦추지 않게 하며, 동시에 내가 걸어가야 할 길을 명확히 알려 준다. 진솔함은 교육자로서 내가 가장 소중히 여기는 가치이자, 나를 지탱하는 힘이다. 나는 앞으로도 이 가치를 지키며, 아이들과 학부모에게 더 나은 모습으로 다가가고 싶다. 농부의 마음으로 씨앗을 심고, 정직한 삶으로 열매를 기다리는 교육자. 그것이 내가 꿈꾸는 모습이고, 내가 걸어가야 할 길이다.

빛나는 시작

내 인생의 가장 빛나는 순간은 대학 졸업식 날이었다. 단순히 졸업장을 손에 쥐었던 그날의 짧은 행사가 아니라, 그 뒤에 깃든 수많은 시간과 경험, 그리고 극복해야 했던 도전과 실패들로 인해 더욱 특별했던 날이다. 나는 그날 무대에 올라 졸업장을 받을 때, 내 자신에게 이렇게 속삭였다. "정말 해냈구나. 여기까지 올 수 있을 줄 몰랐는데 말이야." 그 작은 속삭임은 그동안의 내 노력과 의지가 빛을 발하는 순간이었다.

대학 시절 첫날로 돌아가 보면, 나는 두려움과 기대감으로 가득 찬 20대 초반의 청년이었다. 처음에는 다른 학과에서 공부를 시작했지만, 영어에 대한 오랜 흥미를 더 깊이 탐구하고자 2학년 때 영문학과로 전과를 결심했다. 이 결정은 내 인생에서 가장 큰 전환점 중 하나였다. 전과를 결심하기 전, 나는 한 학기 동안 끊임없이 고민했다. 전공을 바꾸는 것이 과연 올바른 선택일까? 새로운 환경에서 나는 잘 적응할 수 있을까? 그러나 내 마음 한구석에는 영어라는 언어와 문학을 향한 열정이 자리 잡고 있었다. 결국, 나는 두려움을 뒤로하고 전과라는 모험을 선택했다.

영문학과로 전과한 첫 학기는 도전의 연속이었다. 셰익스피어의 희곡을 읽고 분석하는 과제가 주어졌을 때, 나는 단어 하나하나를 해석하기에도 벅찼다. 문학적 배경지식이 부족했기에 고등학교 시절 배웠던 단순한 독해 방식으로는 이 과제를 처리할 수 없었다. 처음으로 내가 항상 옳다고 믿었던 학습 방법이 대학 수준에서는 부족하다는 것을 깨달았다. 첫 번째 중간고사 성적표를 받았을 때의 충격은 이루 말할 수 없었다. 그것은 내 자존심을 무너뜨리는 일이었다. "나는 왜 이렇게 부족할까?"라는 생각이 머릿속을 떠나지 않았다.

그러나 이 좌절로도 나는 멈추지 않았다. 오히려 그 경험을 성장의 발판으로 삼기로 결심했다. 셰익스피어 작품의 맥락을 이해하기 위해 추가로 읽은 참고 문헌들, 교수님과의 상담 시간, 그리고 동료들과의 스터디 모임은 새로운 가능성을 열어 주었다. 내 문장은 점차 명확해졌고, 비평적 시각도 깊어졌다. 단순히 학점을 따기 위해 공부하는 것이 아니라, 문학의 아름다움과 그 속에 담긴 삶의 복잡성을 이해하기 위해 노력했다.

대학 시절 중 가장 도전적이었던 순간 중 하나는 3학년 때의 심화 프로젝트였다. 우리는 제임스 조이스의 소설 『율리시스』의 특정 챕터를 분석하고 이를 현대적인 관점에서 재해석해야 했다. 프로젝트 범위는 방대했고, 시간은 부족했다. 나는 조이스의 복잡한 문체와 방대한 상징 체계에 압도되었지만, 팀원들과의 협업을 통해 길을 찾았다. 우리는 조이스가 사용한 메타포와 구조적 실험이 현대 소설에 어떤 영향을 미쳤는지를 탐구하며 발표 자료를 준비했다. 갈등을 조율하고 각자의 강점을 활용하여 프로젝트를 이끌어 간 결과, 학과 발표 대회에서 최우수상을 받았다. 이 경험은 나에게 문제 해결 능력과 리더십을 키워 주었고, 문학을 새로운 시각으로 바라보는 계기가 되었다.

졸업이 가까워질수록 나는 미래에 대한 두려움과 설렘이 교차하는 복잡한 감정을 느꼈다. 졸업 후 무엇을 해야 할지에 명확한 답을 가지고 있지 않았기 때문이다. 그러나 나는 대학 시절의 경험들이 나를 더욱 강하게 만들었다는 것을 알고 있었다. 실패와 좌절을 통해 나는 끈기와 인내를 배웠고, 새로운 도전을 두려워하지 않는 법을 익혔다. 내가 만난 교수님들과 친구들, 그리고 다양한 경험들은 내 세계를 넓혀 주었다. 나는 이제 어떤 상황에서도 나 자신을 믿고 앞으로 나아갈 준비가 되어 있었다.

졸업식 날 아침, 나는 일찍 일어나 거울 앞에 섰다. 학사모와 가운을 입은 내 모습은 어딘가 낯설면서도 자랑스러웠다. 가족들과 함께 캠퍼스에 도착했을 때, 내가 걸어온 길을 되돌아보았다. 캠퍼스의 구석구석이 떠올랐다. 도서관에서 밤을 새운 기억, 동아리 활동을 하며 웃고 울었던 순간들, 강의실에서 치열하게 토론했던 장면들. 그 모든 기억이 한데 어우러져 나의 대학 시절을 완성했다.

졸업식장은 따뜻한 햇살과 사람들의 설렘으로 가득했다. 그리고 나는 그날 졸업식의 의미를 새롭게 깨달았다. 졸업식의 또 다른 이름은 Commencement, 즉 '시작'이라는 뜻이다. 단순히 학업의 마침표를 찍는 날이 아니라, 새로운 시작을 알리는 날이라는 것이다. 무대 위로 올라가 졸업장을 받을 때, 눈시울이 뜨거워졌다. 단순히 학업을 마쳤다는 것 이상의 의미였다. 그것은 내가 쌓아 온 모든 노력과 경험, 그리고 그것을 가능하게 해 준 나 자신과 주변 사람들에 대한 감사였다. 가족들이 보여 준 미소와 친구들의 응원 속에서 나는 내가 얼마나 축복받은 사람인지 깨달았다.

졸업식 이후의 삶은 새로운 시작이었다. 나는 대학에서 배운 것들을 바탕으로 사회에 첫발을 내디뎠다. 처음에는 두렵고 서툴렀지만, 대학 시절의 경험이 나를 지탱해 주었다. 나는 배움과 성장의 중요성을 알고 있었고, 그것을 계속 이어 나가고자 했다. 내가 걸어온 길은 결코 완벽하지 않았지만, 분명히 나를 빛나게 하는 순간들로 가득했다.

이제 나는 나 자신에게 칭찬을 보내고 싶다. "너는 정말 잘 해냈어. 때로는 무너지고, 때로는 흔들렸지만, 결국에는 다시 일어나 앞으로 나아갔잖아. 너의 노력과 용기가 오늘의 너를 만들었어. 네가 자랑스러워." 이 칭찬은 단순히 과거의 나를 위한 것이 아니다. 그것은 앞으로의 도전을 준비하는 현재의 나와 미래의 나를 위한 격려이기도 하다. 우리는 모두 각자의 빛나는 순간을 만들어 낼 수 있다. 그리고 그 순간들이 모여 우리의 인생을 더욱 찬란하게 만든다.

(마음익히기)

내가 이룬 것 중
가장 자랑스러운 것은 무엇인가요?

논문이라는 산

논문을 쓴다는 것은 마치 거대한 산을 오르는 것과 같다. 산을 오르기 전, 우리는 정상을 동경하며 발걸음을 내딛는다. 하지만 막상 첫걸음을 떼면, 길은 예상보다 가파르고, 숨은 쉽게 가빠지며, 발밑의 흙은 불안정하기만 하다. 논문을 쓰는 과정도 마찬가지였다. 처음엔 단순한 호기심에서 시작했지만, 연구가 깊어질수록 예상치 못한 난관들이 나타났고, 그때마다 나는 끊임없이 길을 찾아야 했다. 내가 오른 산의 이름은 '학원 강사의 역할 수행과 역량이 중학생의 자기효능감에 미치는 영향'이었다. 이 연구를 통해 학원 강사의 역할이 단순한 지식 전달자가 아니라, 학생들에게 심리적·정서적으로도 중요한 존재임을 밝혀보고 싶었다. 하지만 연구를 진행하며 깨달았다. 단순한 관심만으로는 정상에 오를 수 없다는 것을.

논문을 처음 기획할 때, 나는 머릿속으로 멋진 연구를 그리고 있었다. 연구 주제를 정하고, 기존 논문을 검토하고, 논리적으로 정리하면 될 것이라 생각했다. 하지만 막상 자료 조사를 시작하자, 수많은 논문과 연구들이 거대한 파도처럼 밀려와 나를 덮쳤다. 기존 연구들은 학원 강사의 역할이 학생들에게 미치는 영향을 다각도로 분석하고 있었다. 교수법, 학생과의 상호작용, 정서적 지원 등이 학업 성취나 동기 형성에 긍정적인 영향을 준다는 연구도 있었고, 자기효능감과 관련해 구체적인 변수들을 탐색한 연구들도 존재했다. 나는 이 방대한 연구들 사이에서 길을 찾아야 했다. 그런데 어느 순간부터 발걸음이 멈춰졌다. '그렇다면 우리는 무엇을 더 밝혀야 하는 걸까?' '이미 연구된 내용과 우리 연구의 차별점은 무엇일까?' 연구 방향을 고민할수록 머릿속은 점점 더 복잡해졌고, 아무리 읽어도 답을 찾을 수 없을 것 같다는 불안감이 엄습했다. 밤늦게까지 논문을 읽고 또 읽으며, 나는 마치 미로 속을 헤매는 기분이 들었다. 논문을 읽을수록 질문은 끊임없이 꼬리를 물었다. "학원 강사는 학생들에게 어떤 영향을 주는가?"라는 질문은 "학원 강사의 역할 중 어떤 요소가 가장 중요한가?"로 변했고, 다시 "학생들은 강사의 어떤 점에서 영향을 받는가?"라는 질문으로 이어졌다. 실타래처럼 얽힌 물음표들을 풀어내야 했지만, 어디서부터 시작해야 할지조차 막막했다.

그러나 지금 돌아보면, 이 혼란의 과정이야말로 연구의 본질이었다. 연구는 이미 정해진 답을 찾아 나가는 것이 아니라, 끊임없이 질문을 던지고 다시 정교하게 다듬어 가는 과정이었다. 기존 연구들이 놓쳤던 부분을 찾고, 우리가 기여할 수 있는 학문적 공백을 메우는 것이야말로 우리가 해야 할 일이었다. 그제야 나는 길을 찾기 시작했다. 더 깊이 고민해야 할 핵심이 무엇인지 선명해졌고, 연구의 방향도 점차 뚜렷해졌다. 미로 속에서 출구를 찾은 것은 아니었지만, 적어도 어디로 가야 하는지는 알 것 같았다. 연구는 그렇게 길을 잃고 헤매는 과정을 통해 조금씩 앞으로 나아가기 시작했다.

논문 초안을 처음 제출하던 날, 나는 묘한 기대감과 불안감을 동시에 느꼈다. '꽤 괜찮은 글이 나왔을지도 몰라.' 하지만 내 기대는 교수님의 붉은 펜 앞에서 처참하게 무너졌다. 내가 자신 있게 작성했던 문장들 위에는 교수님의 붉은 메모가 가득했다. "이 문장은 논리적 비약이 있다." "여기서 주장과 근거가 매끄럽게 연결되지 않는다." "이 내용들은 학원인이 아닌 사람이 쓴 것 같다." 그 순간 나는 깨달았다. 내 글이 아직 갈 길이 멀다는 것을. 논문이 단순한 글쓰기가 아니라, 논리를 쌓아 가는 과정임을 다시금 뼈저리게 느꼈다. 하지만 교수님의 붉은 펜은 단순한 비판이 아니었다. 그것은 나를 더 나은 연구자로 성장시키기 위한 가르침이었다. 교수님은 단순히 문장을 고치는 것이 아니라, 연구자로서 가져야 할 태도를 가르쳐 주고 계셨다. 논리적 일관성을 유지하는 방법, 연구자로서의 비판적 사고, 독자가 쉽게 이해할 수 있도록 설명하는 기술. 나는 단순히 글을 수정하는 것이 아니라, 논문의 본질을 배우고 있었다. 나는 다시 원고를 붙들었다. 문장을 다듬고, 논리를 정리하고, 더 깊이 있는 연구를 위해 자료를 보완했다. 교수님의 지도 아래 논문은 점점 더 단단해졌다.

 논문은 혼자서 쓰는 것이 아니다. 함께하는 조원들과의 협력이 없었다면, 나는 이 산을 끝까지 오를 수 없었을 것이다. 우리는 각자의 역할을 분담하여 논문을 체계적으로 완성해 나갔다. 한 명은 문헌 조사를 담당하고, 또 다른 조원은 논문의 흐름을 정리하며, 연구의 논리적 전개를 다듬었다. 우리는 서로를 믿고 의지하며, 부족한 부분을 보완해 나갔다. 때로는 늦은 밤까지 토론을 이어 가며 논문의 방향을 다듬었고, 때로는 서로를 격려하며 지친 마음을 다독였다. 혼자였다면 포기하고 싶었던 순간들도, 함께였기에 끝까지 해낼 수 있었다. 나는 이 과정을 통해 연구의 본질을 깨달았다. 연구란 단순히 '결과를 내는 것'이 아니라, 함께 고민하고, 토론하고, 더 나은 해답을 찾아가는 과정이라는 것을.

 이 연구를 마무리하며, 나는 이번 논문이 가지는 학문적 의미에 대해 다시 한번 생각해 보게 되었다. 학원 강사의 역할과 역량이 단순히 지식을 전달하는 것에 그치지 않고, 학생들의 자기효능감을 높이고 학습 동기를 부여하는 데 영향을 준다는 점을 확인할 수 있었다. 이번 연구를 통해 교육이 단순히 정보만을 전달하는 과정이 아니라, 학생의 심리적 성장과 자아 형성에 깊은 영향을 미치는 과정임을 더 깊이 깨닫게 되었다. 이제 나는 새로운 산을 오를 준비를 한다. 한 걸음 한 걸음, 배운 것을 되새기며. 그리고 언젠가, 나도 또 다른 누군가에게 작은 디딤돌이 될 수 있기를 꿈꾼다.

(마음익히기)

실패로부터
배웠던 적이 있나요?

소중한 것은 때때로 귀찮은 것

퇴근 후 지친 몸을 이끌고 집에 도착했을 때, 현관에서 들려오는 익숙한 목소리. "왔어? 밥은 먹었어?" 피곤한 몸을 소파에 묻으며 대충 "응"하고 대답하지만, 이어지는 질문들은 끝이 없다. "오늘 일은 어땠어?" "점심은 뭐 먹었어?" "주말에는 뭐 할 거야?" 익숙한 관심과 걱정들. 가끔은 이런 대화가 조금 귀찮게 느껴질 때도 있다. 하루 종일 사람들과 부딪히며 에너지를 소진한 후, 집에서는 조용히 있고 싶은 순간도 많다. 하지만 가만히 생각해 보면, 이 순간들이 언젠가 사라질 수도 있다는 걸 깨닫게 된다.

우리는 종종 가장 소중한 것들을 당연하게 여긴다. 부모님의 안부 인사, 친구의 고민 상담, 해야 할 집안일 같은 것들. 하지만 지나고 보면 그 무엇보다도 따뜻한 기억이 된다. 친구가 힘든 일이 있다며 밤늦게 연락해올 때가 있다. 피곤한 몸으로 한참을 듣다 보면 사실 나도 지치고, 내일 해야 할 일도 떠오른다. 하지만 이야기를 마치고 나면 어느새 마음이 따뜻해진다. 누군가가 나를 믿고 자신의 속마음을 털어놓았다는 사실을 깨닫는 순간, 그 시간은 더 이상 귀찮은 것이 아니라 서로를 위로하는 값진 순간이 된다. 어느 날은 반대로 내가 힘들 때 친구에게 전화를 걸고, 아무 말 없이 들어주는 그 존재에 고마움을 느낀 적도 있다. 우리가 주고받는 감정의 무게는 균형을 이루며, 결국 서로에게 위안이 된다.

집안일도 마찬가지다. 방을 정리하고, 설거지를 하고, 빨래를 개는 일이 귀찮고 번거롭다고 느껴질 때가 많다. 하지만 깨끗해진 공간을 보면 묘한 안정감이 든다. 사실 그런 소소한 노력들이 우리가 편안한 하루를 보낼 수 있게 해 준다는 걸 안다. 매일 반복되는 집안일이지만, 그 속에는 삶을 정리하고 돌아보는 시간이 숨어 있다. 설거지를 하면서 흥얼거리는 노래, 빨래를 널며 마주하는 하늘, 바닥을 닦고 난 후의 상쾌함. 모든 일상 속에 작은 기쁨이 숨어 있다.

가끔은 가족과의 시간도 귀찮게 느껴질 때가 있다. 저녁 식사 후 바로 방으로 들어가고 싶지만, 거실에서 TV를 보며 이런저런 이야기를 나누는 시간이 길어진다. "이 드라마가 재미있다더라" 하는 말에 별 관심 없이 대답하다가도, 어느새 엄마와 함께 이야기를 나누고 웃고 있는 나 자신을 발견한다. 때로는 어린 시절의 이야기를 꺼내 들으며 그때는 미처 몰랐던 부모님의 마음을 새삼 깨닫기도 한다. 어릴 때는 무심코 넘겼던 작은 순간들이 시간이 지나고 나서야 얼마나 따뜻한 기억으로 남아 있는지를 알게 된다.

소중한 것은 너무 가까이 있을 때 오히려 잘 보이지 않는다. 가족의 관심도, 친구와의 긴 통화도, 매일 반복되는 일상도 늘 곁에 있을 것 같기에 우리는 쉽게 귀찮아한다. 하지만 당연하게 반복되는 이 순간들이야말로 시간이 흐른 뒤 가장 간절히 그리워할 기억들이다. 행복은 귀찮은 것들을 이겨 내고 하나씩 해결해 나갈 때 찾아온다. 처음에는 부담스럽고 귀찮기만 했던 일들이 점차 익숙해지면서 어느 순간 삶의 일부가 된다. 가족과의 대화, 친구와의 긴 통화, 해야 할 집안일들이 쌓여 우리 삶을 단단하게 만든다. 귀찮다고 미루던 일들을 해내고 나면 그제야 마음이 편안해지고, 성취감이 차오른다. 그리고 우리는 깨닫게 된다. 작은 노력들이 모여 큰 행복이 된다는 사실을.

어느 날, 익숙했던 일상이 변할 수도 있다. 친구가 더 이상 고민을 털어놓지 않을 수도 있고, 가족과 함께하는 시간이 줄어들 수도 있다. 부모님의 목소리를 매일 듣는 것이 당연했던 시간이 언젠가는 사라질 수도 있다. 그때 가서야 우리는 깨닫게 된다. 귀찮았던 그 순간들이 사실은 삶에서 가장 따뜻한 순간들이었다는 것을. 그리고 그 순간을 다시 붙잡을 수 없다면 얼마나 후회스러울지를.

이제는 엄마의 잔소리를 들을 때 웃으며 넘긴다. 친구의 고민을 들을 때 시계를 보지 않는다. 설거지를 할 때도 마지못해 하는 대신, 그 순간을 있는 그대로 받아들인다. 귀찮다고 생각했던 일들이 사실은 나를 지탱해 주었다는 걸 알기 때문이다.

오늘도 익숙한 목소리가 들린다. 나는 미소를 지으며 대답한다. "응, 엄마. 밥 먹었어. 오늘 하루 어땠어?" 그리고 소파에 앉아 엄마가 건네는 이야기에 천천히 귀를 기울인다. 이 순간을 오롯이 기억하기 위해서.

변명록

029

학원 강사의 삶에서 가장 흥미로운 순간 중 하나는 학생들의 지각이나 결석 사유를 들을 때다. 때로는 진지하고, 때로는 기발하며, 가끔은 눈물겨울 정도로 창의적인 변명들이 쏟아진다. 나는 이 변명들을 한데 모아 '변명록'을 작성하기 시작했다. 처음에는 그저 재미 삼아 적어 두었지만, 점점 학생들의 변명 속에서 깊은 철학과 인간미를 발견하게 되었다.

학생들이 만들어 내는 변명은 그 자체로 하나의 예술이다. 단순한 '늦잠 잤어요' 수준을 넘어서는 창의력이 돋보인다. '엄마가 피자를 시켰는데 아무도 없어서 제가 있어야 했어요.' 이 말 속에는 가족애가 묻어 있다. 한 집안의 평화를 유지하기 위해 희생을 감수하는 학생의 고군분투가 엿보인다. '엄마가 피자를 시켰는데'까지는 단순한 사실이지만, '제가 있어야 했어요'라는 결론에서 논리적 비약이 일어나면서 한 편의 완벽한 변명이 완성된다.

이런 변명들은 단순한 핑계라기보다 학생들 나름의 논리적인 사고 과정이 반영된 결과물이다. 어떤 학생은 "강아지가 제 숙제를 물어 갔어요"라고 말했지만, 그 눈빛 속엔 진심이 담겨 있었다. 나는 순간적으로 머릿속에 그려지는 장면이 너무나 선명해서 도저히 추궁할 수가 없었다. 강아지는 과연 숙제를 물어 갔을까, 아니면 학생이 깜빡하고 숙제를 안 했을까? 하지만 중요한 것은 그것이 아니라, 학생이 만들어 낸 서사 속에서 하나의 작은 이야기와 창의성을 발견한다는 점이다.

어떤 변명들은 지나치게 영리해서 존경심이 들 정도다. '오늘은 할 기분이 아니에요.' 듣는 순간 황당했지만, 곰곰이 생각해 보니 이보다 더 솔직한 말이 있을까? 사실 우리도 어떤 날은 출근할 기분이 아니고, 어떤 날은 모든 일정을 미루고 싶어진다. 학생들은 이 사실을 너무나 자연스럽게 받아들이며, 부당한 현실에 맞서 자신의 권리를 주장한다. 결국 변명 속에는 '기분이 내키지 않을 땐 하지 않는 것이 정당하다'는 인생철학이 담겨 있는 것이다.

이와 비슷한 맥락에서 '엄마가 학원 안 가도 된다고 했어요'라는 변명도 있다. 이 말에는 강력한 논리 구조가 숨어 있다. '나는 가고 싶지만 엄마가 가지 말라고 했으니 어쩔 수 없다'는 논리는 학원 강사 입장에서는 어이가 없지만, 학생 입장에서는 완벽한 논리적 결론이다. 이 변명에는 책임을 타인에게 돌리면서도 당당한 태도를 유지하는 기회주의적 생존 전략이 담겨 있다.

'오랜만에 보는 친구랑 약속이 있어서 못 와요.' 이 변명은 학원보다 인간관계를 우선시하는 감성적인 접근이다. '엄마가 피자를 시켰다'보다 한층 더 감정적인 요소가 포함되어 있다. 우리는 가끔 학원보다 더 소중한 것들을 위해 선택을 해야 하는 순간이 온다. 학생들은 이러한 선택의 순간을 당당하게 맞이하며, 합리적인 이유를 덧붙여 지각과 결석을 정당화한다.

또한 '오늘은 머리가 너무 아파서 공부가 안 돼요' 같은 변명도 있다. 하지만 이 말을 한 학생이 몇 분 후 쉬는 시간에 간식을 맛있게 먹고 친구들과 활기차게 대화하는 모습을 보면 나는 묘한 배신감을 느낀다. 그러나 어쩌겠는가? 배운 지식을 실전에서 활용하는 학생의 능력에 박수를 보내야 하지 않을까?

'왜 저만 가요? 쟤도 안 가는데요?' 이 문장은 단순한 불만 표현이 아니다. 이는 공정성에 대한 깊은 철학적 질문이다. 세상은 불공평한데, 왜 나만 책임을 져야 하는가? 이 질문은 단순히 학원 수업을 거부하는 수준을 넘어선다. 철학자들이 오랜 시간 고민해 온 질문을 학생들이 자연스럽게 던지고 있는 것이다.

이와 비슷한 변명으로 '선생님, 5분 늦은 거면 안 늦은 거 아니에요?'도 있다. 이 말 속에는 '정확한 기준이 무엇인가?'라는 철학적 고민이 깔려 있다. 5분은 늦은 것인가, 아닌가? 어쩌면 이 학생은 단순히 지각을 한 것이 아니라, 상대적 시간 개념에 대한 철학적 질문을 던지고 있는지도 모른다.

학생들의 변명은 처음엔 그저 웃기기만 했지만, 가만히 들여다보면 그 속에는 삶의 태도가 담겨 있다. 때로는 합리적이고, 때로는 황당하지만, 결국 그들 나름의 논리와 진실이 있다. 우리는 어른이 되면서 변명을 '핑계'로 치부하지만, 사실 그것은 자신의 현실을 설명하는 방식일 수도 있다. '변명록'을 쓰면서 나는 학생들의 세계를 더 깊이 이해하게 되었다. 그들의 논리 속에서 삶을 유쾌하게 바라보는 태도를 배우기도 한다. 어쩌면 변명이란, 우리가 살아가면서 끊임없이 만들어 내는 '합리화의 기술'일지도 모른다. 그렇다면, 강사의 역할은 단순히 변명을 듣고 단속하는 것이 아니라, 그 속에 담긴 생각을 이해하고, 때로는 그들의 창의력을 인정하는 것 아닐까?

오늘도 누군가는 '치과 가야 해요'라고 말하고, 누군가는 '할 기분이 아니에요'라고 솔직하게 고백한다. 그리고 나는 그 말을 들으며 '변명록'에 한 줄을 더 적는다. 그 속에는 단순한 변명을 넘어, 삶의 다양한 얼굴이 담겨 있다. 그리고 나는 이 작은 기록들이 언젠가는 학생들에게도 유쾌한 추억이 될 거라고 믿는다.

(마음익히기)

내가 자주 하는 변명에는
어떤 마음이 담겨 있나요?

자기불구화

030

학원 강사로서 학생들의 지각이나 결석 사유를 듣는 일은 일상적이다. 때로는 '엄마가 피자를 시켜서'부터 '오늘은 할 기분이 아니에요'까지 듣다 보면, 이들의 창의적인 변명에 감탄할 때가 있다. 처음에는 그저 웃어넘겼지만, 점점 이 변명들 속에서 학생들의 심리를 들여다보게 되었다. 그리고 깨달았다. 이 변명들 속에는 단순한 핑계를 넘어, 자기불구화(self-handicapping)라는 심리적 방어 기제가 숨어 있다는 것을.

자기불구화란 실패했을 때 핑계를 댈 수 있도록 스스로 장애물을 만드는 행동이다. 즉, 결과가 좋지 않더라도 그것이 자신의 능력 부족 때문이 아니라, 외부적인 요인 때문이라고 설명할 수 있도록 준비하는 것이다. 학생들의 변명도 이러한 자기불구화의 일환일 수 있다. 예를 들어, 어떤 학생이 "오늘은 컨디션이 안 좋아서 공부가 안 돼요"라고 말한다고 하자. 이 말은 단순한 사실이 아니라, 혹시라도 낮은 성적을 받았을 때 "원래 못하는 게 아니라 오늘만 컨디션이 안 좋았던 거야"라고 변명할 수 있도록 만드는 장치일 수 있다. 또 다른 학생이 "과학은 원래 어려운 과목이라서 잘할 수가 없어요"라고 말하는 경우도 마찬가지다. 노력해서 실패하는 것보다, 애초에 어려운 과목이니까 못하는 것이 당연하다는 식으로 자신을 보호하는 것이다.

더 흥미로운 사례도 있다. "책상을 정리하다 보니 공부할 시간이 없었어요"라는 변명이다. 학생이 책상을 정리한 것은 분명한 사실이지만, 이는 자신이 학습을 미룬 행동을 정당화하기 위한 자기불구화의 대표적인 형태다. 즉, '공부할 시간이 없었으니 성적이 낮아도 어쩔 수 없다'는 논리를 만들어 내는 것이다.

자기불구화는 단기적으로는 자존심을 보호해 줄 수 있다. 하지만 장기적으로 보면, 결국 자신의 성장을 방해하는 걸림돌이 된다. 실력 향상의 기회를 놓치게 된다. 학생들이 '나는 원래 못해'라고 스스로를 정의하면, 더 나아지기 위한 노력을 하지 않게 된다. 결국 발전할 가능성이 있는 상황에서도 제자리걸음을 하게 된다. 자기효능감(self-efficacy)이 낮아지는 것도 문제다. 자기효능감이란 '내가 하면 할 수 있다'는 믿음인데, 자기불구화를 반복하면 '나는 못 해'라는 인식이 자리 잡는다. 결국 새로운 도전을 두려워하게 되고, 작은 실패에도 쉽게 포기하는 경향이 생긴다. 이렇게 자기불구화가 습관이 되면, 학습뿐만 아니라 삶의 여러 부분에서 도전을 회피하게 된다. 새로운 기회를 잡기보다는, 실패하지 않기 위해 아예 시도하지 않는 것이다.

그러니 결과보다 과정에 집중하는 것이 필요하다. 많은 학생들이 성적이라는 결과에만 집중하다 보니, 결과가 좋지 않을 것을 걱정하며 자기불구화를 한다. 하지만 과정에 집중하면 부담이 줄어든다. '나는 이번 시험에서 몇 점을 맞을까?'보다는 '이번 시험을 위해 얼마나 꾸준히 노력했는가?'에 초점을 맞추는 것이 중요하다. 결과는 변할 수 있지만, 노력한 과정은 사라지지 않기 때문이다.

작은 성공 경험을 쌓아 가는 것도 좋은 방법이다. 너무 큰 목표를 설정하면 부담이 커지고 자기불구화로 이어질 수 있다. 대신, '오늘 30분만 집중해서 공부해 보자' 같은 작은 목표를 세우고, 이를 달성하며 성취감을 쌓아 가면 자연스럽게 자기불구화가 줄어든다. 실패를 피하려는 것이 아니라, 작은 성공을 차곡차곡 쌓아 나가는 방식이 필요하다.

무엇보다 중요한 것은 스스로에게 솔직해지는 것이다. 자기불구화는 일종의 자기 합리화다. 중요한 것은 '내가 지금 정말 노력했는가?'를 솔직하게 돌아보는 것이다. 변명을 만들기보다는 부족한 부분을 인정하고 개선하려는 태도가 필요하다. "내일부터 열심히 할게요"라는 말을 자주 하는 학생들이 많다. 하지만 자기불구화를 줄이려면 '나중에'가 아니라 '지금 당장' 행동을 바꾸는 것이 중요하다. '지금 10분만이라도 해 보자'라는 생각으로 즉시 실천하는 습관을 들이면 변명의 여지를 줄일 수 있다.

학생들의 변명 속에는 단순한 게으름이 아니라, 실패를 두려워하는 심리가 깔려 있다. 그러나 실패를 두려워할 필요는 없다. 오히려 실패를 경험하고, 이를 통해 배울 때 더 성장할 수 있다. 자기불구화를 줄이는 것은 단순히 학습 태도를 바꾸는 것이 아니라, 삶의 태도를 바꾸는 과정이다. 변명을 줄이고, 작은 도전부터 시작할 때 진정한 성장이 이루어진다. 오늘도 학생들은 학원에 들어서며 각자의 변명을 준비하고 있을 것이다. 하지만 나는 믿는다. 언젠가 이 변명들이 줄어들고, 대신 <u>스스로의 가능성을 믿고 도전하는 순간이 올 것이라고.</u>

작가 인터뷰

이 책을 출간하게 된 계기는 무엇인가요?

처음 강사가 되었을 때는 잘 가르치는 게 제 역할의 전부라고 생각했어요. 그런데 시간이 지나면서 학원이 단순히 시험을 대비하는 곳이 아니라는 걸 깨달았어요. 학원은 학생들과 인생의 중요한 순간들을 나누는 '작은 사회'와 같아요. 아이들이 단지 지식만 배우러 오는 게 아니라 각자의 고민이나 불안, 미래에 대한 막연함을 안고 오거든요. 그런 아이들과 매일 부딪히고, 웃고, 고민하면서 저 역시 조금씩 배우고 성장했죠.

이 책은 그렇게 제가 강사로서 겪은 여러 순간 속에서 얻은 배움의 기록이에요. 제 열정이 어디에서 시작됐고, 또 어떤 시련과 성찰이 저를 지금의 위치에 있게 했는지 담담하게 풀어내고 싶었어요. 단순한 교육서를 넘어, 삶을 함께 살아낸 이야기로서 누군가에게 작은 위로가 되기를 바라는 마음으로 이 책을 쓰게 되었어요.

이과 출신이신데, 어떻게 영어 강사의 길을 가게 되셨나요?

저는 과학영재교육원 출신이고, 대학도 전자공학과로 진학했던 전형적인 이과생이었어요. 실험을 좋아했고, 과학 관련 대회에도 자주 참가했죠. 그러다 대학 1학년 때 지인의 부탁으로 영어 과외를 하게 되었는데, 그 경험이 제 인생의 방향을 바꿨어요. 학생들이 점점 영어에 자신감을 가지는 모습을 보면서 누군가의 성장을 돕는 일의 보람을 느꼈죠. 영어를 가르치는 게 단순한 아르바이트 이상의 의미로 다가왔어요. 일이 너무 재미있기도 했고요. 그래서 큰 결심을 했어요. 그렇게 전자공학과에서 영문학과로 전과했고, 강사의 길을 본격적으로 걷게 되었어요. 처음에는 주위의 우려도 좀 있었지만, 그 선택 덕분에 지금의 제가 있다고 확신해요. 안정적인 길보다는 제 마음이 이끄는 방향을 따랐으니까요. 그 길에서 만난 학생들과의 시간이 제게는 가장 큰 자산이에요.

강사로서 스스로 가장 미숙하다고 느꼈던 순간은 언제였나요?

제가 처음 학원 강사로 일하기 시작했을 때인데요. 열심히 준비해 간 수업에 학생들이 전혀 반응을 보이지 않는 거예요. 너무 당황스러웠어요. 최선을 다해서 자료도 찾고 설명도 했는데, 아이들 눈빛이 멍하더라고요. 분위기도 점점 가라앉았죠. 그때 수업이라는 게 단순히 정보를 전달하는 게 아니라는 걸 처음으로 뼈저리게 느꼈어요.

해결책을 찾기 위해서 수업 후에 남아서 아이들의 이야기를 들었어요. 그랬더니 그들이 뭘 필요로 하고, 어디에 관심이 있는지 알겠더라고요. 그런 것들을 수업에 녹여보려고 했죠. 처음부터 잘 되진 않았어요. 시행착오도 많았지만, 점점 학생들 반응이 달라지기 시작했어요.

미숙했기 때문에 '더 잘하려고 노력하는 강사'가 될 수 있었던 것 같아요. 지금도 저는 학생들을 통해 배우면서 변화하고 있어요. 그때 느꼈던 부족함이 제 교육 철학의 중요한 출발점이 되었죠.

책 제목처럼 '학교에서는 가르쳐주지 않지만 미리 알았다면 참 좋았을 텐데'라고 느꼈던 경험이 있으신가요?

정말 많죠. 그래도 그중에서 하나만 딱 꼽자면, '스스로를 돌보는 방법'인 것 같아요. 학생 때는 열심히만 하면 뭐든 잘될 거라고 믿었기 때문에 힘들어도 참고 버티는 게 미덕인 줄 알았어요. 그런데 어른이 되고, 또 강사로서 많은 사람들과 깊은 관계를 맺으면서 깨달았죠. 삶에는 '회복력'이 필요하다는 걸요. 예컨대, 대학 시절 겪었던 이별의 아픔이나 첫 강의에서 느낀 좌절처럼 누구에게나 감정이 크게 요동치는 순간이 있잖아요. 그럴 때 사람을 회복시키는 건 거창한 게 아니라 작은 위로예요. 제 경우에는 그게 편의점에서 산 레모나 한 봉지였죠. 정규 교육과정에서는 이런 정서적 회복이나 자기 위로 기술은 잘 다루지 않잖아요. 실은 그런 방법들이 삶을 더 단단하게 지탱해 주는데 말이죠. 그래서 이 책이 누군가에게는 그런 '배움의 빈틈'을 채워줄 수 있기를 바라고 있어요.

책에 가능성을 깨우는 질문들을 수록하셨어요. 작가님의 인생을 바꾼 가장 중요한 질문은 무엇이었나요?

저에게 가장 큰 변화를 준 질문은 "지금까지 나를 돌아보았을 때, 내가 가장 좋아하는 나의 모습은 언제였을까?"였어요. 이 질문은 단순한 회상이 아니라, 제 안에 숨겨진 열정의 본질을 마주하게 했어요. 우리는 종종 '더 나은 나'를 찾으려고 노력하는데요. 그보다 먼저 '가장 나다웠던 순간'을 떠올리는 것이 훨씬 근본적인 성찰로 이어지더라고요. 그 답을 찾기까지 저도 여러 갈래의 기억을 더듬었어요. 어린 시절, 직접 만든 비행기가 하늘을 가르며 날아갈 때의 설렘, 대학 시절 레모나 한 봉지로 겨우 마음을 다잡으며 일어섰던 밤들, 그리고 초보 강사로서 아무도 집중하지 않던 교실에서 절망을 삼키고 다음 수업을 더 나아지게 하겠다고 다짐하던 날까지. 그때의 저는 완벽하지 않았지만, 누구보다 진심이었어요. 그 진심이 여기까지 저를 끌고 왔다는 걸 인정하게 되었어요.

그래서 이 책에는 질문을 꼭 넣고 싶었어요. 사람은 누구나 자기 안에 이미 답을 가지고 있다고 생각해요. 하지만 그 답을 끌어내기 위해선 제대로 된 질문이 필요하죠. 질문은 때로 말보다 조용하지만, 더 깊은 울림을 남기거든요. 저는 독자들이 책 속 질문들을 통해 잠시 멈추고 스스로에게 말을 걸어보기를 바라요. '나는 지금 어디쯤 와 있을까?', '나는 언제 가장 나다웠을까?', '무엇이 나를 다시 시작하게 했을까?' 이런 질문들이 마음속에서 조금씩 자라나 스스로를 돌아보는 이정표가 될 거예요. 어쩌면 질문은 답을 찾는 도구라기보다는, 스스로에게 더 가까이 다가가는 과정 그 자체일지도 몰라요. 제 인생도 그랬고요.

질문에 대한 답을 찾아나가는 작가님만의 방식이 있나요?

저는 질문에 바로 답을 내리기보다는, 오랫동안 '묻고 머무는 시간'을 중요하게 여겨요. 질문과 함께 조금 오래 걷고, 멈추고, 때로는 놓아보기도 해요. 바로 해결하려 애쓰지 않고, 질문을 품은 채 일상을 사는 거죠. 낚시를 할 때 얼음 구멍을 들여다보며 송어를 기다리는 것처럼요. 질문 앞에서도 저는 그렇게 '기다리는 법'을 배웠어요.

몰입은 제게 가장 중요한 '답 찾기'의 도구예요. 강의를 준비할 때, 책을 쓸 때, 또는 아주 단순한 산책을 하며 하루를 정리할 때도 그 안에 몰입이 깃들면 문득 마음 한가운데서 실마리가 떠오르곤 해요. 때로는 학생들의 말이나 표정 속에서 힌트를 얻기도 하는데요. 한 학생이 제 수업을 듣고 "영어도 레모나처럼 상큼하게 가르쳐 주세요"라고 말한 적이 있어요. 가볍지만 진심이 담긴 말 속에서 '나는 왜 이 일을 좋아하는가' 같은 근본적인 질문에 대한 답이 불쑥 떠오르기도 해요.

결국 질문을 곁에 두는 게 저만의 방식인 것 같아요. 완벽한 정답을 빠르게 찾으려 하지 않고, 질문과 함께 살아가며 그 답이 저를 찾아올 수 있도록 공간을 열어두는 거죠. 답이란 삶의 여러 단면에서 스스로 마주하게 되는 것임을 믿어요.

지금까지 만난 학생들과의 일화 가운데 가장 기억에 남는 것은 무엇인가요?

참 많은 학생들이 떠오르지만, 그중 한 명을 꼽자면 한 중학생이 기억에 남아요. 그 친구는 처음 만났을 때부터 늘 무표정했고, 수업에 적극적으로 참여하지도 않았어요. 말도 거의 없고, 질문을 해도 고개만 끄덕이곤 했죠. 처음엔 제가 싫은가 싶어 고민도 많이 했어요. 그런데 어느 날 수업이 끝나고 제가 무심코 "오늘은 어땠어?"라고 물은 적이 있어요. 그랬더니 그 아이가 "선생님, 사실 영어 진짜 싫었어요. 근데 선생님 수업은 좀 다르긴 해요."라고 대답을 하더라고요. 그 말이 제 마음에 깊이 남았어요. 그날 이후로 그 아이가 어떤 방식으로 배우고 싶어 하는지, 무엇을 불편해하는지 더 섬세하게 살펴보기 시작했어요. 수업 내용도 그 아이 눈높이에 맞게 조정해 보고, 관심 가질 만한 소재를 넣어보기도 했죠.

몇 달 후, 그 학생이 저에게 쪽지를 하나 건넸어요. "선생님 덕분에 이제는 영어가 싫지 않아졌어요. 저도 제 이야기를 해도 되는 사람이 된 것 같아요." 짧은 문장이었지만, 저에겐 그 무엇보다 값진 말이었어요. 그 친구는 여전히 조용한 성격이었지만, 조금씩 수업에 참여하기 시작했죠. 나중에는 발표 시간에 좋아하는 노래 가사로 문장을 만들어 와 큰 박수를 받기도 했어요. 저는 그 친구를 통해 '학생을 바꾸는 일'이 아니라, '학생이 스스로 움직일 수 있도록 기다려주는 일'의 의미를 배웠어요. 지금도 강사로서 지치거나 방향을 잃을 때면, 그 쪽지를 꺼내 보곤 해요.

요즘 학생들과는 어떤 이야기를 나누시나요? 특히 자주 마주치는 학생들의 고민은 무엇인가요?

"왜 이렇게까지 열심히 해야 하나요?"라는 고민이 가장 많아요. 학습 동기, 자기 자신에 대한 불안, 그리고 미래에 대한 막연한 두려움이 있는 거죠. 결국 이 질문은 '정체성'과 '가치'에 대한 고민에서 비롯되는 것 같아요. 특히 중고등학생 시기에는 남들과의 비교가 심해져요. 친구가 푼 문제를 못 풀었을 때, 점수가 기대만큼 오르지 않을 때, 아이들은 자기 존재 자체가 부정적으로 평가받는다고 느끼는 경우가 많아요.

그럴 때 저는 "결과보다 과정을 보자"라고 말해주곤 해요. 오늘 배운 것과 느꼈던 감정을 함께 나눠보자고요. 공부는 성적을 위한 도구가 아니라, 자신을 알아가는 하나의 방식일 수 있다는 이야기를 자주 하려고 해요. 또 하나 제가 해주는 말은 '지쳐도 괜찮다'예요. 요즘 아이들은

'잘해야 한다'는 압박 속에서 자기 감정을 미루고 참고 넘기기만 해요. 그러다 마음이 무너지곤 하죠. 그래서 저는 수업 중간중간 아이들에게 스스로를 다독이는 방법을 알려주려고 해요. 결국 아이들과 나누는 모든 이야기는 '삶의 태도'에 관한 것이에요. '지금 힘든 나를 있는 그대로 인정하고, 그럼에도 불구하고 한 걸음 나아가 보자.' 요즘 학생들이 가장 필요로 하는 건 바로 그런 응원이라는 생각이 들어요.

학원 원장이자 글을 쓰는 사람으로서, 학생들에게 꼭 전하고 싶은 말이 있다면 무엇인가요?

너무 많은 것이 불확실한 시대를 살고 있는 너희들에게 꼭 해주고 싶은 말이 있어. "삶은 점수가 아니라 방향이다." 우리는 늘 결과로 평가받는 세상 속에서 살고 있지만, 진짜 중요한 건 지금 너희가 어느 방향으로 가고 있는지야. 그리고 그 안에서 얼마나 너다운 길을 걷고 있는지를 봐야 해. 잘하는 것보다 중요한 건 '계속 해보는 것'과 '스스로에게 질문을 던지는 힘'이야.

공부가 힘들고, 미래가 막막하게 느껴질 때마다 "내가 지금 이 길 위에서 배워가는 것이 무엇일까?"라고 자문해 봐. 점수와 등수는 언젠가 잊힐 거야. 하지만 그 질문을 붙들고 흔들리며 걸어간 시간은 너희를 평생 지켜줄 거야. 그리고 무엇보다, 너 자신을 너무 몰아붙이지 말았으면 해. "나 왜 이 정도밖에 안 되지?"라는 말보다, "그래도 여기까지 잘 왔어"라는 말을 스스로에게 건넬 수 있는 사람이 되기를 바라. 실패해도 괜찮아. 얼마든지 멈추고, 주저해도 돼. 그건 네가 성실히 살아가고 있다는 증거이기도 하니까. 이 책을 덮은 후에 너희가 "나도 내 길을 잘 걷고 있어"라고 조용히 자신을 안아줄 수 있었으면 좋겠어. 그게 진짜 배움의 시작이 될 거야.

학원이라는 공간을 통해 실현하고자 하는 작가님만의 교육 철학이 궁금합니다.

많은 분들이 학원을 '시험 점수를 올리는 곳'이라고 생각하는데요. 물론 학생들의 성적 향상도 중요한 목표지만, 제가 바라보는 학원은 보다 '사람'이 중심이 되는 공간이에요. 아이들이 학원에 와서 단순히 공부만 하다 가는 게 아니거든요. 누군가와 관계를 맺고, 실패도 해보고, 다시 일어서려고 노력하는 과정에서 자기를 발견해 나가요. 저는 그 안에서 아이들의 불안을 듣고, 때로는 옆에서 함께 멈추어 서요. 아이들이 길을 찾아 나설 수 있도록 돕는 '동행자'가 되고 싶거든요.

교육이란 지식을 가르치는 것과 삶을 나누는 것 사이의 균형이라고 생각해요. 제가 추구하는 교육은 '관계'로부터 시작되는 것이에요. "나는 나로서 괜찮다"라고 느낄 수 있는 공간을 만드는 것, 실수하더라도 격려받을 수 있는 분위기를 조성하는 것, 그리고 스스로가 누군가에게 의미 있는 존재라고 느끼게 하는 것. 그것이 제가 학원을 통해 실현하고 싶은 교육의 본질이에요. 또한 저는 '가르침은 일방적이지 않다'는 믿음을 가지고 있어요. 아이들의 말투, 시선, 태도, 때로는 한숨과 침묵까지도 저에게는 가르침이 되어줬죠. 학원은 저에게도 배움의 현장이며, 끊임없이 질문하고 성장하게 만드는 거울과도 같아요.

지금도 매일 '학원이어서 가능한 교육'에 대해 고민해요. 학교나 가정과는 또 다른 온도로 아이들과 연결될 수 있는 공간이 되기를 바라면서요. 저는 '나 자신으로 숨 쉴 수 있는 학원'을 만들고 싶어요. 그것이 제가 글을 쓰는 이유이자, 교육을 놓지 않는 이유예요.

강의와 집필을 병행하는 작가님만의 일상 루틴이 궁금합니다. 어떻게 삶의 균형을 유지하시나요?

사실 저도 균형을 완벽히 유지한다고는 말 못 해요. 강의와 학원 운영, 그리고 글쓰기 모두 에너지를 많이 쓰는 일이라서 매일이 도전이죠. 하지만 그 와중에도 저만의 균형 감각을 찾아가려는 노력을 멈추지 않으려 해요. 제 루틴 중 하나는 매달 5일을 '작은 축제의 날'로 보내는 거예요. 그날은 학원 수입 정산일이기도 하지만, 스스로의 노력을 격려하고 돌아보는 날이죠. 좋아하는 음식을 먹고, 책이나 영화를 보며 저 자신에게 말하죠. "이번 달도 잘 살아냈어." 이런 작지만 정기적인 의식이 번아웃을 막고, 다시 창작과 수업에 집중할 수 있는 원동력이 되어줘요.

또 하나는 몰입과 멈춤의 리듬을 나누는 거예요. 강의 촬영이나 수업 준비를 할 땐 완전히 몰입하지만, 글을 쓸 때는 정반대로 마음의 속도를 늦추려 해요. 차 한 잔 끓여 놓고, 창밖을 오래 바라보다가 한 줄을 적는 식이죠. 그 느림 속에서 비로소 마음의 여백이 생기고, 다시 사람들과의 관계로 돌아갈 힘을 얻어요. 사실 저는 완벽주의 성향이 강해 한 가지에 몰두하면 다른 걸 쉽게 놓치곤 했거든요. 그래서 지금은 일과 삶을 작은 단위로 쪼개고, '충분히 잘했다'는 기준을 스스로 정해놓고 있어요. 오늘 하루를 성실히 살아냈다는 감각에 집중하려고 해요.

무게 중심이 흔들릴 때마다 스스로를 조율하고, 다시 중심을 잡는 그 과정을 즐기고 있어요. 강의와 집필이 저를 지치게도 하지만, 동시에 살아 있게 만들죠. 그래서 저는 오늘도 무게를 조절하며, 다음 페이지와 다음 수업을 준비해요.

독자들에게 꼭 추천하고 싶은 작가님의 인생 책을 꼽아주신다면요.

딱 한 권만 꼽는다면, 김연수 작가의 『소설가의 일』을 추천하고 싶어요. 이 책은 단순히 글쓰기에 대한 조언을 넘어, 삶을 살아가는 태도에 관한 통찰로 가득한 책이에요. 김연수 작가는 이렇게 말해요. "삶을 견디게 하는 건 사건이 아니라 문장이다." 이 말이 너무 아프고도 따뜻하게 느껴졌어요. 누군가의 말 한 줄, 문장 하나가 무너진 나를 붙잡아준 경험이 있었거든요. 저도 이 책을 통해 쓰는 사람으로서 어떻게 삶을 바라볼 것인가에 대해 많은 위로와 다짐을 얻었어요. 글을 쓰는 사람들뿐만 아니라, 정답 없는 길을 걸어가는 분들에게 추천해요. 정체성이 흔들리거나, 삶의 방향을 잃었다고 느낄 때 한 장씩 읽어 보세요. 자신만의 언어와 삶의 리듬을 다시 발견하게 될 거예요.

다음 작품 계획이나 도전하고 싶은 꿈이 있으신가요?

다음에는 '학생뿐 아니라 어른도 배워야 하는 교육', 혹은 '교사의 성장'을 다룬 작품을 써보고 싶다는 마음이 커요. 가르치는 사람도 끊임없이 흔들리고, 넘어지고, 다시 길을 찾는 존재라는 걸 솔직하게 보여주는 책이 되었으면 해요.

또 하나의 꿈이 있다면, 교육을 주제로 한 짧은 다큐멘터리 영상을 만드는 거예요. 실제 학생들과의 수업 현장, 선생님들의 이야기, 가르침의 의미를 영상이라는 또 다른 언어로 담아보고 싶거든요. 글과 영상이 함께하는 콘텐츠를 통해 더 많은 사람들과 연결될 수 있었으면 해요. 어떤 방식이든 '배움의 과정을 함께 나누는 일'을 계속해 나갈 계획이에요.

마지막으로 독자들에게 전하고 싶은 말씀이 있다면요?

이 책을 읽어주셔서 정말 감사합니다. 처음 이 글을 쓰기 시작했을 때는 그저 제가 가르치면서 배운 것들을 기록하고 싶었을 뿐이었어요. 하지만 시간이 지날수록 제 이야기가 누군가의 삶에도 충분히 닿을 수 있겠다는 것을 깨달았어요. 책 속 질문들이 여러분에게도 작은 등불이 되었으면 해요. 마지막으로, 지금 많이 지쳐 있거나 흔들리고 있는 분들이 있다면, 완벽하지 않아도 괜찮다고 꼭 말씀드리고 싶어요. 잠시 멈춰 있거나 조금 느려도 당신은 여전히 당신만의 속도로 잘 가고 있다고요.

학교에서는 가르쳐주지 않는 인생 0교시 수업
내 안의 가능성을 깨우는 질문노트

발행일 2025년 6월 2일

지은이 최정민
펴낸이 마형민
기획 최지인
편집 곽하늘 강채영 김예은
디자인 김안석 표진아
펴낸곳 주식회사 페스트북
홈페이지 festbook.co.kr
편집부 경기도 안양시 동안구 관악대로 488
씨앗트 스튜디오 경기도 안양시 동안구 안양판교로 20

ⓒ 최정민 2025

ISBN 979-11-6929-809-4 03810

값 15,000원

* 이 책은 저작권법에 의해 보호를 받는 저작물이므로 무단 전재와 무단 복제를 금합니다.
* 주식회사 페스트북은 작가중심주의를 고수합니다. 누구나 인생의 새로운 챕터를 쓰도록 돕습니다.
  creative@festbook.co.kr로 자신만의 목소리를 보내주세요.